AF314669

EDOUARD NAVILLE

PROFESSEUR HONORAIRE DE L'UNIVERSITÉ DE GENÈVE,
ASSOCIÉ ÉTRANGER DE L'INSTITUT DE FRANCE

L'ÉCRITURE ÉGYPTIENNE

ESSAI SUR

L'ORIGINE ET LA FORMATION
DE L'UNE DES PREMIÈRES ÉCRITURES
MÉDITERRANÉENNES

LIBRAIRIE ORIENTALISTE PAUL GEUTHNER

13, RUE JACOB, PARIS (VIe)

1926

LIBRAIRIE ORIENTALISTE PAUL GEUTHNER

DELAPORTE (L.) : Fragments sahidiques du Nouveau-Testament :
Apocalypse, XIV pp. et 33 ff. n. ch. (65 pp.), *in-8*, autographié, 1906.   20 fr.

**DELAPORTE (L.) ET GUÉRIN (H.) : Fragments sahidiques
du Nouveau-Testament : Evangile de Saint-Jean, XVI pp.**
et 48 ff. n. ch. (95 pp.), *in-8*, autographié, 1908.   25 fr.

GIRON (N.) : Légendes coptes, fragments inédits publiés, traduits,
annotés, avec une lettre à l'auteur par E. Revillout, VIII,
81 pp., *in-8*, 1907.   25 fr.

I. Entretien d'Eve et du serpent. — II. Le sacrifice d'Abraham. — III. Histoire de Marina. — IV. Histoire des filles de Zénon. — V. Histoire de la fille
de l'Empereur Basilisque.

GUNN (BATTISCOMBE) : Studies in Egyptian Syntax, XXVII
et 202 pp., *gr. in-4*, 1924.   100 fr.

Table des chapitres. — I. The prospective relative form. — II. The prospective
passive participle. — Appendix to chapters I and II : The prospective variants of
'nht ntr im. — III. The prospective active participle. — IV. A note on the
sdmti-fi form. — V. An emphasizing construction in the future tense. — VI. A passive
use of the infinitive. — VII. An important use of *sdm. n. f* in Old Egyptian. —
VIII. The passive *sdm. f.* in-*i*, -*y*. — IX. The phonetic use of the sign *n* (negat.).
— X. The phonetic value of the negative words *n* and *nn*. — XI. *n sdm. f* in
Middle Egyptian. — XII. *n sdm. n. f* in Middle Egyptian. — XIII. *nn sdm. f* in
Middle Egyptian. — XIV. *nn sdm. n. f* in Middle Egyptian, etc., etc., etc.

JÉQUIER (G.) : Le papyrus Prisse et ses variantes (Papyrus
de la Bibliothèque Nationale 183-194, Pap. Brit. Mus., n⁰ 10371
et 10435 et Tablette Carnarvon du Caire), 16 planches en
phototypie mesurant en moyenne 60 centimètres en longueur,
et 13 pp. de texte, *in-4 oblong*, cartonné, 1911.   200 fr.

MEYER (ED.) : Histoire de l'antiquité, tome II : l'Egypte jusqu'à
l'époque des Hyksos, traduit par A. Moret, XXIV, 388 pp.,
gr. in 8, 1914.   40 fr.

Sources pour l'histoire de l'Egypte. — I. Commencements de la civilisation
et de l'histoire d'Egypte. — II. Les états primitifs d'Egypte. Les royaumes des
adorateurs d'Horus. — III. L'Egypte sous les Thinites. — IV. L'ancien empire. —
V. La fin de l'ancien empire et l'époque de transition. — VI. Le moyen empire.
— VII. Décadence du moyen empire et domination étrangère. — Index.

NAVILLE (E.) : L'évolution de la langue égyptienne et les langues
sémitiques, XIII, 179 pp., *gr. in-8*, 1920.   40 fr.

I. L'écriture (origine figurative de l'écriture égyptienne — origine de
l'écriture cananéenne — le déterminatif et l'ordre des signes en égyptien). —
II. La grammaire. — III. Le démotique et l'araméen. — IV. Le copte. —
V. L'hébreu.

L'ÉCRITURE ÉGYPTIENNE

DU MÊME AUTEUR :

- La religion des anciens Égyptiens. Paris 1906, E. Leroux.
- La découverte de la loi sous le roi Josias (mém. de l'Acad. des Inscr. et B. L.). Paris 1910.
- The discovery of the Book of the Law, translated by M. L. McClure. London 1911.
- Archaeology of the Old Testament. Was the Old Testament written in Hebrew ? London 1913.
- Archéologie de l'Ancien Testament. L'Ancien Testament a-t-il été écrit en hébreu ? Paris et Neuchâtel, Attinger.
- L'évolution de la langue égyptienne et les langues sémitiques. Paris 1920, Geuthner.
- La Haute Critique et le Pentateuque. Réponse à Mr le prof. Humbert. Neuchâtel 1921.
- The law of Moses, with preface by Henry Wace, dean of Canterbury. London 1922.
- The higher Criticism in relation to the Pentateuch, translated by Rev. Prof. John R. Mackay. Edinburgh 1923.

EDOUARD NAVILLE

PROFESSEUR HONORAIRE DE L'UNIVERSITÉ DE GENÈVE,
ASSOCIÉ ÉTRANGER DE L'INSTITUT DE FRANCE

L'ÉCRITURE ÉGYPTIENNE

ESSAI SUR

L'ORIGINE ET LA FORMATION
DE L'UNE DES PREMIÈRES ÉCRITURES
MÉDITERRANÉENNES

LIBRAIRIE ORIENTALISTE PAUL GEUTHNER

13, RUE JACOB, PARIS (VIᵉ)

1926

VIENNE. — TYP. ADOLPHE HOLZHAUSEN,
IMPRIMEUR DE L'UNIVERSITÉ

AVANT-PROPOS

Les égyptologues sous les yeux desquels tombera l'essai que je livre aujourd'hui au public, ne manqueront pas d'être frappés du nombre des répétitions qu'ils constateront avec mon livre paru en 1920 sur « l'évolution de la langue égyptienne et les langues sémitiques ». Ce qui m'a poussé à revenir à l'idée fondamentale que j'ai soutenue alors, c'est que je trouve qu'on s'écarte toujours plus de la conception vraie de ce qu'est l'écriture égyptienne. On continue à la séparer de la langue. Ce serait la reproduction d'une création linguistique qui n'a été parlée nulle part, et qui répond à des principes qu'on a recueillis dans l'étude des langues sémitiques, c'est-à-dire de langues beaucoup plus modernes que l'égyptien.

Il n'y a pas eu d'égyptien antérieur à la langue que nous connaissons par les hiéroglyphes. C'est un fait que j'ai toujours soutenu et qui me paraît indéniable. La preuve, c'est que l'égyptien a commencé par la figure, c'est-à-dire par le caractère le plus élémentaire de toute représentation graphique, la seule qu'ont eue les primitifs. La figure a passé au caractère alphabétique, sans que cette transition ait été complète, car l'égyptien est toujours resté figuratif.

. L'écriture est la reproduction de ce que l'on entend et de ce que l'on dit ; nous ne saurions assez le répéter. S'il n'en est pas ainsi, quelle en est la raison d'être, à quoi sert-elle, et pourquoi l'aurait-on inventée ? C'est ce que je me suis efforcé de faire ressortir dans ce travail. Cette langue que transcrit le grand Dictionnaire allemand, ce beau travail de compilation, ce n'est certainement pas la reproduction du langage parlé par des Égyptiens. Alors qu'est-ce ? Et que sont ces signes nouveaux qui ne se trouvent dans aucune langue ? Transcription me paraît signifier une écriture qu'on peut lire, ce qui n'est pas le cas dans la grande majorité des mots du Dictionnaire allemand, ce recueil précieux des mots égyptiens nous apportant aussi leur signification, mais non leur forme.

Certainement, voulant écrire ce qu'on lisait ⲞⲨⲰϢ on n'écrivait pas *wḥꜣ* où il y a un signe étranger à la langue et qui ne se prononce pas. Ni de même *Ἁρποκρατης Hr-pꜣ-ẖrd* ou le mois ⲈⲂⲞⲦ *ꜣbd*, Abydos ⲈⲂⲰⲦ *ꜣbdw* ou la vie ⲰⲚϨ *ʿNḥ* et quantité d'autres transcrits d'après le principe allemand.

Ayons en vue, dans les inscriptions hiéroglyphiques que nous lisons, avant tout la langue telle qu'on la parlait, en tout cas dans la tribu qui à l'origine a inventé l'écriture, et telle qu'elle nous est parvenue par le copte. Par quels signes nous a-t-elle été transmise ? et les signes qui nous sont parvenus, à quels sons correspondaient-ils ? C'est à la solution de ces questions que doivent tendre nos recherches quand nous déchiffrons les inscriptions hiéroglyphiques.

Malagny, juin 1926.

TABLE ANALYTIQUE DES MATIÈRES

CHAPITRE I

LES ORIGINES

CHAPITRE II

LE DESSIN

CHAPITRE III

LES COMMENCEMENTS DE L'ÉCRITURE

CHAPITRE IV

LANGUE LITTÉRAIRE ET IDIOME LOCAL

CHAPITRE V

LA FIGURE

CHAPITRE VI

LES VOYELLES

CHAPITRE VII

LES TRANSCRIPTIONS EN LANGUES ÉTRANGÈRES

CHAPITRE VIII

L'ACROPHONIE

CHAPITRE IX

LE DÉTERMINATIF

L'écriture égyptienne

Chapitre I

Les origines

Qu'est-ce que l'écriture ? Quelle en a été l'origine ? A cette question il n'y a qu'une réponse à faire : c'est le dessin appliqué à reproduire, non ce qui frappe ou a frappé les yeux, mais ce qui frappe l'oreille, ce qu'on entend. Qu'on prenne tous les peuples primitifs dans le passé ou aujourd'hui, ils ont tous commencé par le dessin. Ce que nous avons à examiner pour l'égyptien, c'est comment on a passé du dessin, ne s'adressant qu'à l'œil, au dessin qui est destiné à l'oreille.

C'est donc le premier essai d'écriture que nous avons à considérer. Comment l'hiéroglyphe, qui n'est qu'une figure, est-il arrivé à être une syllabe, ou même un caractère alphabétique ? C'est dire que nous remontons aux origines les plus reculées. Les hiéroglyphes sont les premiers essais d'écriture, et cela aussi bien en Crète que chez les Hittites et en Égypte. Il n'y a eu aucune écriture auparavant.

Récemment, cependant, on a contesté qu'il en fût ainsi.

D'après Sir Flinders Petrie, les hiéroglyphes ne seraient pas l'écriture primitive. Elle aurait commencé par des signes, et cela aussi bien en Égypte que dans les contrées méditerranéennes, où s'est développé l'alphabet. On les trouve déjà à l'époque préhistorique. En effet, Sir Flinders a recueilli un nombre considérable de signes sur des poteries même très anciennes; ils sont en général gravés très grossièrement. Ils se seraient répandus sur la Grèce, l'Italie, l'Asie Mineure, même l'Irlande, et ils seraient devenus les alphabets phéniciens et grecs. Sir Flinders a établi de très intéressants tableaux montrant quelle a été la valeur de ces signes dans 27 alphabets différents. Ces marques de poterie seraient, avec de légères déviations, dans les formes, des lettres de la plupart des alphabets méditerranéens, en sorte que, par exemple, le signe **A** de la Ire dynastie ne serait autre chose que l'A de l'alphabet latin, et aurait la même valeur. On aurait donc dans la réunion de ces signes un alphabet proprement dit, chaque signe représentant une lettre.

Il nous est impossible de nous ranger à cette opinion. Si les Égyptiens ont inventé l'alphabet, s'ils ont été les premiers à avoir la lettre et le caractère qui la représente, pourquoi n'en ont-ils fait aucun usage? pourquoi ne l'ont-ils employée pour aucun écrit, pour rien de littéraire? Ils auraient donc passé de l'écriture alphabétique, des caractères amorphes, à l'écriture figurative. Ils auraient déjà eu la conception de l'alphabet véritable. Cela nous semble le contraire de la marche normale de l'esprit. S'il y a parmi ces marques des hiéroglyphes, n'est-ce pas la preuve que ces hiéroglyphes existaient déjà? A mon sens, ces signes sont des marques de potiers, c'est par là qu'ils faisaient connaître leurs œuvres; c'est peut-être l'emblême par lequel l'ouvrier potier se désigne. Leur valeur alphabétique en Égypte est nulle.

Sir Flinders Petrie soutient que le signe a précédé la figure. La preuve en est les dessins des enfants dans lesquels les objets sont informes et ne rappellent aucunement le modèle. Mais cela vient de l'incapacité de l'enfant à représenter même grossièrement l'objet qui le préoccupe. Pour lui le signe est une figure très rudimentaire et n'est certainement pas une lettre. C'est un dessin très imparfait, il est vrai, mais dans lequel il voit l'objet. L'enfant commence aussi par la figure. Comme le dit très justement Sir Flinders : « Un enfant dessinera des cercles grossiers et les interprètera comme étant des papillons. Ce besoin d'une ressemblance physique avec la forme se fait à peine sentir. » (1) Pour l'enfant ce cercle grossier n'est pas autre chose qu'une figure.

Qu'en était-il de la langue des anciens Égyptiens ? On nous les représente souvent comme ayant dans toute l'étendue du pays une langue unique dont les dialectes ne seraient qu'une forme dégénérée. Ce serait une langue ayant les formes sémitiques, qui petit à petit aurait perdu ces formes types, en sorte que l'égyptien qui nous a été conservé ne serait qu'une création abâtardie dont, chose curieuse, cet abâtardissement aurait produit l'écriture. Je ne puis assez m'élever contre cette conception de la langue, cette entité qui est née on ne sait chez qui et dans quel pays, qui a des règles parfaitement fixes auxquelles ceux qui parlent doivent se conformer. On se demande d'où cette langue est sortie et comment elle pouvait formuler ces règles, puisqu'elle n'était pas écrite. Rien ne pouvait la fixer et rien ne pouvait en assurer la durée.

____

(1) Petrie, The formation of the alphabet, p. 3.

1*

Ce n'était que la parole. « Laissée à elle-même, dit Saussure, la langue ne connaît que des dialectes. » (1) Elle se divise et doit accepter les modifications de la parole puisqu'il n'y a pas autre chose. Il n'y a donc pas de langue dans le sens abstrait du mot, il n'y a que des gens qui parlent. « La langue n'est pas une entité et n'existe. que dans les sujets parlants. » (2)

Ce point de vue de la langue égyptienne primitive, unique, est tout à fait théorique et en opposition complète avec la réalité. Il provient de l'idée fausse qu'il y a autre chose que la langue parlée dont celle-ci doit nécessairement dépendre. « Langue et écriture, nous dit le même philologue, sont des systèmes de signes distincts ; l'unique raison d'être du second est de représenter le premier ; l'objet linguistique n'est pas défini par la combinaison du mot écrit et du mot parlé. Le mot écrit se mêle si intimement au mot parlé dont il est l'image qu'il finit par occuper le rôle principal ; on en vient à donner autant et plus d'importance à la représentation du signe vocal qu'à ce signe lui-même. C'est comme si l'on croyait que, pour connaître quelqu'un, il vaut mieux regarder sa photographie que son visage. Cette illusion a existé de tout temps. » (3)

Venant maintenant aux nations civilisées, nous y trouvons que tout pays a deux langues, ou plutôt il en a une, qui est la langue parlée sur laquelle est venue se greffer la langue écrite, qui n'est souvent qu'une importation de l'extérieur,

(1) De Saussure, Cours de linguistique générale, p. 24.
(2) De Saussure, l. c., p. 19.
(3) De Saussure, l. c., p. 46.

mais qui dans d'autres cas est née dans une partie du pays dans une ville, un groupe ou une tribu, et s'est répandue de là dans toute ou presque toute la contrée.

La langue parlée est très loin d'être une; c'est un assemblage de parlers assez semblables, dont chacun n'appartient qu'à une localité ou un territoire qui est souvent fort restreint. L'anthropologie nous enseigne que dans l'antiquité lointaine, le langage des populations primitives, ce n'est pas l'unité, c'est au contraire une variété déconcertante. « Des recherches plus étendues dans le monde, et dans les parties moins cultivées qui ne présentent pas de restes littéraires pouvant indiquer l'évolution linguistique, montrent une diversité infinie de langues. » (1) L'unité de langue ne paraît qu'avec une langue écrite. Il ne faut pas remonter des siècles en arrière, cela se voit encore clairement de notre temps. Si l'on considère les populations africaines, dont l'état d'aujourd'hui est encore fort semblable à ce qu'a été l'état primitif des anciens Égyptiens, on trouve par exemple que chez les Bantou, qui n'ont pas de langue écrite, il n'y a pas moins de 300 langues différentes. Un missionnaire me racontait que, voyageant dans la partie reculée du Laos sur un parcours de 4 à 500 kilomètres, il n'avait pas trouvé moins de onze dialectes. Les missionnaires qui traduisent les Écritures dans ces différentes langues, Bantou ou autres, font comme les anciens missionnaires arrivant en Égypte, qui voulurent donner aux Égyptiens les Écritures dans la langue qu'ils parlaient. Ces derniers ne songèrent pas à les

____

(1) Marett, Anthropology, p. 133.

mettre dans la langue littéraire ; ils traduisirent dans les différents dialectes dont nous connaissons maintenant quatre, mais
dont il y avait peut-être un plus grand nombre ; et pour cela
ils durent composer un alphabet nouveau formé en grande
partie de l'alphabet grec, et de plusieurs caractères indigènes.

Un point très important à considérer dans l'étude comparative
de la langue, c'est que la langue parlée est partout beaucoup
plus ancienne que la langue écrite. Il est clair qu'on a parlé
longtemps avant d'écrire. A cet égard, il est instructif de voir
ce qui se passe de notretemps. Certaines langues écrites, comme
le français, l'allemand ou l'italien, dominent sur des territoires
considérables, sans cependant avoir fait disparaître les anciens
idiomes, des patois très viables qui sont encore le parler
habituel de la population.

Si nous cherchons maintenant comment est née la langue
littéraire, nous retrouverons presque partout que c'est le dialecte d'une certaine localité, lequel, en vertu de circonstances
spéciales, a pris la prééminence et s'est étendu sur toutes les
régions qui parlaient une langue de même famille. Ainsi, en
Allemagne, c'est le dialecte saxon de Luther qui est devenu
la prose allemande, laquelle a si bien établi sa domination
qu'on ne connaît pas d'autre langue écrite dans les pays de
langue allemande, quoique souvent le parler soit fort différent,
comme dans les cantons de la Suisse alémanique.

La langue littéraire est celle qui est fixée par l'écriture.
Elle est née avec l'écriture. Il ne peut pas y avoir de langue
littéraire tant qu'il n'y a pas d'écriture. Aussi il n'y a pas
de langue littéraire Bantou parce qu'il n'y a pas d'écriture

Bantou. Pour plusieurs de ces dialectes qu'on appelle langues, les missionnaires ont introduit l'écriture romaine dont nous nous servons; ils ont fait comme ceux qui ont apporté les livres saints en Égypte, ils ont adopté un alphabet étranger, mais ils ont conservé le dialecte de la région où ils se trouvaient.

La langue littéraire, se répandant sur une certaine étendue de pays, est le premier élément d'unité, prenant la place, ou plutôt se superposant à une variété de dialectes.

Chapitre II

Le dessin

Les Égyptiens, comme la plupart des populations primitives, ont commencé par le dessin, par la représentation de ce qu'ils avaient sous les yeux, de leur entourage, des animaux qui peuplaient le pays qu'ils habitaient et qu'ils poursuivaient à la chasse ; de leurs barques s'ils étaient navigateurs ; de leurs armes, et quelquefois de ce qui devait tenir à leur culte. Ces dessins étaient gravés sur des rochers, sur les parois des cavernes habitées ; il y en a qui sont arrivés à un haut degré de perfection et qui excitent notre admiration, ainsi les curieux dessins préhistoriques d'Espagne qu'a publiés l'abbé Breuil; et cependant cette habileté artistique n'a pas conduit les auteurs à l'écriture.

Néanmoins, si l'on recherche le but de ces dessins primitifs, on peut affirmer que ce n'est pas l'ornement. Ce n'est pas le désir d'embellir leurs demeures qui a poussé les habitants à en garnir les parois de figures d'hommes ou d'animaux. Le dessin ici n'est qu'un langage dans sa forme originelle, il veut dire quelque chose. L'interprétation en était facile aux auteurs ou à leurs contemporains, pour nous elle n'est pas possible, parce que ces figures ne sont pas encore rattachées à des mots, à des phrases.

Dans les pays du Nord de l'Europe (1) on trouve quantité de ces dessins gravés sur les rochers ou sur des dalles de pierre,

____

(1) Hoernes, Urgeschichte der bildenden Kunst in Europa, p. 376—381.

comme celles du monument de Kivik en Scandinavie, qui nous renseignent sur la vie de tous les jours ou sur des expéditions de guerre ou de chasse, mais partout l'absence complète de toute écriture nous empêche de donner l'explication de ces scènes.

On peut se demander quelles sont les raisons qui ont poussé à faire ces dessins. Elles peuvent être d'ordres divers. On veut rappeler, transmettre à la postérité quelque chose qu'on ne doit pas oublier : le récit d'une chasse heureuse, ou d'une expédition de guerre couronnée de succès. Ce serait donc un but historique ou didactique. Et ce qui prouve bien que c'était souvent la raison d'être de ces dessins ou peintures, c'est que ce but historique ou didactique s'est perpétué, et a été presque toujours celui des artistes égyptiens pendant les 4000 ans qu'ils ont exercé leur art. C'est une erreur de croire que les grandes scènes de batailles ou autres faits de guerre qui couvrent les murs des temples, ou les grandes cérémonies religieuses, aient eu un but purement décoratif. C'est l'histoire mise à la portée d'un peuple dont la plus grande partie se composait d'illettrés ; c'est l'enseignement par les yeux. Les magnifiques bas-reliefs de Thèbes ou d'Abydos ne sont que le développement des dessins que les primitifs gravaient sur les rochers. Sans doute, une fois l'Égypte civilisée, l'écriture n'a pas manqué ; l'écriture accompagne le bas-relief, mais celui-ci est encore suffisant pour faire comprendre à qui le voit de quoi il s'agit.

Une autre raison qui peut avoir engagé les primitifs et surtout les habitants des cavernes à en couvrir les parois de ces figures, c'est un but magique. En particulier l'idée que représenter un objet, c'est le faire naître, c'est lui donner la vie.

Peindre sur les murs de la caverne le gibier qui sert à la nourriture des habitants, c'est un moyen certain d'en assurer l'abondance quand il s'agira de s'en procurer.

Cette idée est aussi celle qui a poussé à la riche décoration des tombes de l'Ancien Empire. Cette peinture de la vie du grand seigneur au milieu de ses vassaux et de tout le personnel qui travaille pour lui, ses troupeaux dont on nous donne le nombre, ces industries de tout genre dont on peut voir l'activité, ces chasses auxquelles se livre le défunt, ces plaisirs de divers genres qui lui sont accordés, tout cela n'est pas la description de sa condition passée, de la vie qu'il a menée sur cette terre, c'est l'existence qu'on lui souhaite dans l'autre monde et que ses descendants désirent qu'il ait en partage. Par conséquent, lorsqu'il lui faisaient exécuter cette tombe magnifique, c'était un acte de piété filiale.

Sur des proportions plus modestes, les stèles funéraires qui décrivent le repas funéraire accordé au défunt, et sur lesquelles quelquefois ce repas est représenté, ou les tables d'offrandes où l'on sculpte presque toujours ce qui sert à sa nourriture, tout cela remplace les offrandes réelles ; nul besoin de les apporter en nature, elles étaient là une fois pour toutes en figure ; il suffisait même de longues listes nommant ces offrandes et la quantité qu'il en fallait. Pour être sûr que cela arrivât au défunt, il fallait qu'un parent ou ami récitât une formule par laquelle il attribuait tous ces dons à un individu dont le nom, les titres et qualités étaient énumérés tout au long ; l'effet magique de cette formule faisait arriver au double du défunt le double de tout ce qui était représenté.

Les dessins des primitifs pouvaient avoir d'autres buts ma-
giques, tels que la protection contre les animaux dangereux,
dont on était préservé en adressant certaines paroles à la
figure. Il devait en être alors comme c'est encore le cas de
nos jours chez certaines populations africaines telles que les
Baganda : un animal et même un végétal contient un esprit
que, suivant les circonstances, il faut apaiser, rendre propice,
mais dont on ne peut ignorer l'existence.

Enfin, ces dessins peuvent avoir un but religieux. Nous
savons si peu ce qu'était la religion des primitifs et même
s'ils en avaient une. Il semble bien que le culte ait commencé
par celui des ancêtres. Une fois qu'ils avaient quitté ce monde,
prenaient-ils une forme quelconque, par exemple celle de l'un
des animaux qui ornent l'habitation ? Tout cela, nous l'ignorons
absolument et nous en sommes réduits à l'hypothèse pure.

Les dessins que nous rencontrons le plus fréquemment en
Égypte, sont ceux qui couvrent les vases dont nous possédons un très grand nombre et qui proviennent tous des tombes
préhistoriques répandues presque tout le long de la vallée du
Nil. Une seule fois, à El Kab, l'ancienne Hieraconpolis, a été
trouvée une tombe dont les murs peintes nous offrent des
représentations toutes semblables à celles des vases.

Ce que nous voyons sur les vases, c'est presque toujours le
même sujet, ce que Sir Flinders Petrie et d'autres persistent à
appeler des barques, mais que, avec M. Cecil Torr et M. Loret, je
ne puis appeler autrement que des villages ou des réunions de
huttes protégées par un parapet et une palissade et qui souvent
étaient autour d'un puits. Je ne veux pas revenir ici sur les

arguments que j'ai développés à plusieurs reprises (1) et qui me paraissent prouver qu'il ne s'agit nullement de barques. Je me bornerai à rappeler ce qui me semble capital : c'est le dessin qu'on appelle l'eau, ces lignes parallèles en zigzag qui sont dans le voisinage des soi-disant barques. Jamais on n'en voit une tremper dans l'eau. Puis ces zigzags vont dans tous les sens, tantôt horizontalement, tantôt ils sont verticaux, tantôt obliques, ou en arcs. On ne comprend pas l'eau re-présentée de cette manière. L'explication de ces zigzags vient d'emblée à l'esprit lorsqu'on a séjourné au désert dans la région qu'habitaient ces primitifs. J'ai eu là sous les yeux pendant des mois entiers, dès que je sortais de mon habitation, ces étendues de sable fin dont la surface n'est pas unie, mais ridée de toutes petites vagues semblables à celles que produirait sur un bassin d'eau une très faible brise. Ces petites vagues peuvent prendre toutes les directions, suivant ce qu'a été le vent qui les a produites et sont très bien figurées par les zigzags des vases, tandis que la partie dure du désert est restée blanche. Ce sont les animaux du désert, antilopes, autruches et d'autres qu'on voit seuls dans ces peintures. Jamais on ne voit dans ces zigzags des animaux aquatiques, des poissons ou des crocodiles qui en général ne manquent pas dans l'eau. Les hommes sont armés d'arcs et de flèches, et jamais non plus on n'en voit un occupé de pêche ou tenant un poisson. Ce qui me paraît concluant à cet égard, c'est la représentation de la ville d'Inuamma, (2)

---

(1) Archives Suisses d'Anthropologie générale, T. II, p. 77 et T. IV, p. 197.

(2) Rosellini, Mon. storici, pl. 46. Voyez aussi pl. 50, un étang bordé d'un mur en forme de barque.

devant laquelle est un parapet sans palissade, tout à fait semblable à ce qu'on nomme des barques. Il ne se relève qu'à un bout, à l'autre est la porte, devant laquelle est un grand arbre, qui se voit en petit dans les barques.

Si, comme cela me semble évident, les vases nous montrent les villages des primitifs, cela explique le but de ces dessins. La mort a dans l'autre monde une existence fort semblable à celle de celui-ci, et par ces représentations on lui fait naître une habitation telle que celle qu'il a occupée pendant sa vie. On la lui donne en même temps que les victuailles dont il a besoin.

C'est là cette magie imitative, créatrice, qui a été l'idée dominante dans les tableaux funéraires. Cela nous explique aussi la monotonie de ces représentations ; c'est la description d'une vie la même pour tous, où il n'y a pas de différence de rang, où le chef se distingue à peine de ses sujets dans sa manière de vivre, comme cela se voit encore dans beaucoup de tribus africaines. Il est certain que ces dessins sont une sorte d'écriture, ils racontent ou décrivent quelque chose, mais ils devaient être expliqués par des phrases qui ne sont pas toujours les mêmes et qui dépendent entièrement de celui qui les lit. Cette interprétation du même dessin peut être fort différente suivant les localités, et à cet égard il est fort instructif de voir le sens que les tribus nègres donnent à leurs dessins. Le Dr. Meinhof appelle cela : écriture de phrases, *Satzschrift*, dans un très intéressant article qu'il consacre à l'origine de l'écriture. (1) Mais il nous semble que ce nom

____

(1) Zeitschrift für ägyptische Sprache, vol. 49, p. 1.

n'est pas tout à fait exact. On pourrait appeler ces dessins écriture de phrases, ou phrase écrite, si le dessin correspondait à une seule phrase, toujours la même ; au contraire ce dessin exprime une idée qui peut être traduite par des mots différents au gré de celui qui parle.

En résumé, les dessins sont la première tentative de fixer des idées par quelque chose qui les rappelle ; c'est la première mnémonique qui s'adresse à l'œil, et qui par la vue fait surgir dans l'esprit l'idée qu'on ne voulait pas voir disparaître. Ce n'est donc pas l'ornement qui en est le but, ce n'est pas la décoration qui les fait naître. L'idée qui les inspire peut être très variée, et il est intéressant de rechercher dans les diverses populations quelle est celle qui les a produites. En Égypte, il nous semble qu'il y en a deux qui prédominent, le désir de rappeler quelque chose qu'on ne veut pas laisser oublier, c'est le but historique ou didactique ; ou le but magique : appeler à l'existence des personnes ou des choses qu'on tient à voir surgir ; non pas qu'il s'agisse de les voir en réalité ; ce à quoi il faut donner naissance, c'est le double, cet être incorporel qui est l'image exacte du réel.

Chapitre III

Les commencements de l'écriture

Ainsi que nous le disions plus haut, il faut nous représenter l'Égypte primitive comme peuplée de plusieurs tribus ou clans de même race dont chacun avait son dialecte, assez semblable à celui des tribus voisines, et qui avait des dessins gravés sur les rochers, ou peints sur les poteries déposées dans les tombeaux.

A une époque que nous ne pouvons pas fixer, chez l'une de ces tribus naquit le besoin de compléter l'usage de ces dessins, de fixer le sens qu'ils avaient, l'idée qu'ils devaient représenter, ce qui ne pouvait être exprimé que par le langage, par des mots. La question était donc : Comment donner au langage une forme graphique qui permît de le transmettre par la parole et d'en renouveler le son à volonté? En un mot, comment passer du dessin à l'écriture ?

Il est clair que ce besoin ne naquit pas dans le pays tout entier. Il se manifesta d'abord dans une tribu, et de là se répandit dans les autres. (1) Peut-être même cette tribu d'inventeurs de l'écriture était-elle peu nombreuse. On peut se demander dans quelle partie de l'Égypte elle habitait. A cet égard nous sommes dans l'incertitude la plus absolue, et il paraît probable que jamais nous n'en sortirons.

____

(1) Il en a été ainsi dans tout le développement de l'industrie et de la civilisation. « Chaque progrès a certainement eu son foyer d'invention et ses migrations. » Morgan, Les premières civilisations, p. 151.

Les Egyptiens primitifs, que voulaient-ils fixer par l'écriture ? Evidemment, ce qu'ils disaient, et ce qu'ils entendaient, en un mot leur langue, celle dont ils se servaient tous les jours. D'ailleurs ils n'en avaient pas d'autre. Il s'agissait donc de trouver un moyen de rendre le mieux possible le son de la parole, ce qui parvenait à l'oreille, et non de décomposer un mot en consonnes et en voyelles, d'en rechercher ce qu'on nomme le squelette, ce qu'on ne connaissait pas.

Il faut se rappeler que c'est là un premier essai. Les Égyptiens ne sont jamais arrivés à l'alphabet tel que nous le concevons, et aux conditions auxquelles est soumis un alphabet parfait tel que l'alphabet grec ou celui dont nous nous servons. En voici deux que l'égyptien n'a pas observées.

Un alphabet composé de signes amorphes doit suivre un ordre strict dont il ne lui est pas permis de s'écarter. En outre, toutes les lettres doivent être exprimées; il ne doit pas en omettre ni faire d'inversions ; la règle est inflexible. En égyptien, l'écriture n'a jamais perdu complètement le caractère du dessin, et même du dessin tel que les Egyptiens le comprenaient. Qu'on prenne une figure de profil : c'est un assemblage de parties qui ne sont nullement dans la position correcte. Sans doute la tête est en haut et les pieds en bas, mais le buste n'a point l'apparence qu'il a en réalité. Le mot égyptien est une figure du même genre et c'est, comme nous le verrons, un assemblage de lettres où l'ordre n'est pas toujours respecté ; c'est en gros la forme du mot, et il faudra des signes auxiliaires tels que les déterminatifs pour en assurer la prononciation correcte. Il en est du mot comme de la figure, il a une valeur idéographique, et pour le lire il faudra d'abord le reconnaître, et ce n'est qu'après l'avoir reconnu qu'on pourra le lire, c'est-à-dire le prononcer.

Un alphabet consiste en un nombre déterminé de caractères. On ne peut pas au gré de l'écrivain en ajouter de nouveaux, et en multiplier le nombre ou en changer la valeur. Or, que voyons-nous en égyptien? Le nombre de caractères alphabétiques augmente surtout aux Basses époques, et ces caractères sont toujours des figures auxquelles on donne des valeurs qu'elles n'avaient pas autrefois. Il semblerait que l'influence grecque aurait dû pousser les Égyptiens à se constituer un alphabet d'un nombre limité de caractères, mais il n'en est rien. Ici comme dans l'art, les Égyptiens sont arrivés à un certain point qu'ils n'ont pas dépassé. Ils ont fait les premiers pas, mais ils n'ont pas été au delà.

Pour arriver à rendre la parole, on pouvait inventer des signes qui ne représentaient rien, et qui par convention rappelaient un certain son, comme c'est le cas dans les alphabets sémitiques, grec ou romain. Mais ce n'est pas par là que les Égyptiens ont commencé. Ils avaient le dessin, la figure; et ce qui paraissait naturel, c'était d'user de cette figure pour rappeler le son qu'avait son nom. C'est là le progrès élémentaire, le premier pas sur le chemin de l'écriture. L'écriture, au début, a été nécessairement figurative, elle ne pouvait pas être autre chose que le rébus. Le premier progrès consiste à séparer dans le signe le sens figuratif du son qu'il a lorsqu'on le prononce, et ne plus employer ce signe que pour sa valeur phonétique.

Il est certain que par ce moyen on n'arrivait qu'à une approximation : c'est du reste le cas dans tous les alphabets, même ceux de nos langues ; il n'en est aucun qui reproduise exactement toutes les nuances de la prononciation. Puis on était forcé d'employer surtout des noms formés d'une seule syllabe. Un mot à plusieurs lettres, de deux syllabes, se prêtait mal à être un signe purement phonétique, il aurait fallu en trouver un autre qui sonnât de même, ce qui était rare. Nous verrons comment on fit usage des mots à plusieurs consonnes.

Ce qu'il importe de constater, c'est que l'écriture figurative reproduit le mot en bloc, ne sépare pas consonnes et voyelles, et reproduit toujours les voyelles. Nous l'expliquerons facilement en prenant un exemple dans la langue française. Je suppose que nous voulons rendre en écriture figurative le mot *Pindare*. Pour la première syllabe nous dessinerons *pain* ou l'arbre *pin*. Ce qui est caractéristique de cette syllabe, c'est la voyelle. S'il s'agit du mot *panthère* qui a les mêmes consonnes dans la première syllabe, nous dessinerons l'oiseau *paon* qui a la prononciation *pan*. Encore ici c'est la voyelle qui détermine le choix du signe. (1)

Ici MM. Sethe et Gardiner nous disent qu'en égyptien il n'y a pas de syllabe *pin* ou *pan*, mais seulement deux consonnes entre lesquelles on peut intercaler différentes voyelles, et qu'il n'y a à tenir compte dans les signes qui représentent cette syllabe que des consonnes. Je pourrais donc dans un rébus français commencer le mot *Pindare* par un *paon*, et *panthère* par un *pin*.

____

(1) Voir à ce sujet le très bon exemple tiré du mot *chapeau* par M. Marestaing : Les Écritures égyptiennes, p. 18.

Je le répète, ce qu'il fallait fixer par l'écriture, c'était ce qu'on entendait, ce qui était la langue parlée des inventeurs. Cette langue parlée fixée par l'écriture est devenue la langue littéraire que Saussure définit ainsi (1) : « Par langue littéraire nous entendons toute espèce de langue cultivée au service de la communauté tout entière. Livrée à elle-même, la langue ne connaît que des dialectes, et c'est pour une raison qui varie selon les peuples qu'un dialecte est choisi pour en faire le véhicule de ce qui intéresse la nation dans son ensemble. » Une langue littéraire ne peut exister que là où il y a une écriture. L'invention de celle-ci conduit à la création de la langue littéraire. Cette invention a surgi dans l'une des tribus de la population de l'Égypte et de là a gagné tout le pays. C'est ce que nous voyons dans les langues modernes : le dialecte de l'Île de France est devenu le français, celui de Florence est devenu l'italien, celui de Saxe est devenu l'allemand, et, comme nous le disions plus haut, nous ne savons à quelle tribu des Égyptiens ou à quel clan attribuer l'invention de l'écriture.

Ce qui est certain, c'est qu'il n'y avait pas d'autre langue que celle qu'ils parlaient et qu'ils ont voulu écrire. Ici encore regardons à ce qui se passe de nos jours. Il y a plus de 300 dialectes Bantou, mais il n'y a pas de langue littéraire parce qu'il n'y a pas d'écriture Bantou. Il aurait pu arriver que dans une de ces tribus on eût créé une écriture; cette écriture n'aurait reproduit que le langage de cette tribu ; elle aurait cherché à rendre le mieux possible le son qu'avaient les mots, l'écriture

____

(1) Saussure, Cours de linguistique générale, p. 274.

n'aurait eu rien d'autre à reproduire que ce qui se disait et s'entendait, et non pas une langue théorique dont les dialectes ne seraient qu'une forme dégénérée.

Nous avons vu que la forme originelle de l'écriture, c'est la figure, c'est le dessin appliqué à rendre des sons ; mais la figure n'est encore qu'un moyen très imparfait de reproduire le langage. Par elle-même elle ne suffit pas. Il faut qu'elle subisse plusieurs modifications avant d'arriver à constituer un alphabet.

L'écriture égyptienne a toujours été figurative. Elle n'est jamais arrivée à être proprement alphabétique. Le démotique n'est qu'une déviation, une déformation de l'écriture figurative dont elle a cependant conservé certains caractères, ainsi le déterminatif.

Quand nous disons que l'écriture égyptienne est restée figurative, il s'agit de celle qui était employée pour la langue littéraire, c'est-à-dire pour l'hiéroglyphique et le démotique ; ce dernier n'était qu'une forme plus populaire de ce que nous pouvons appeler l'écriture sacrée, car on en attribuait l'invention au dieu Thoth, mais le démotique n'est encore qu'une modification de la langue littéraire. En égyptien, nous avons une troisième écriture qui est celle de la langue parlée avec sa diversité de dialectes : c'est le copte.

Ainsi l'écriture égyptienne n'en est pas arrivée par elle-même à l'alphabet pur. Lorsqu'il s'est agi d'en avoir un pour la langue parlée, il a fallu abandonner l'écriture figurative et adopter un alphabet amorphe, en nombre limité, où chaque caractère n'a aucun sens par lui-même et n'est que l'expression d'un son.

C'est donc une erreur de comparer l'écriture figurative à un alphabet amorphe qui est soumis à de tout autres règles que la figure, et dans lequel tout élément idéographique a disparu, comme par exemple l'alphabet hébreu. Sans parler de ce qu'il est étrange de comparer deux écritures dont l'origine est distante de plusieurs milliers d'années, il semble naturel, les deux termes de la comparaison étant de date plus rapprochée, qu'on trouve à l'origine le même principe, la figure. Nous constatons cela dans l'alphabet cunéiforme, et si nous en examinons l'évolution, nous arrivons à quelque chose qui se rapproche beaucoup de l'égyptien. La marche de l'esprit humain a été la même.

Chapitre IV

Langue littéraire et idiome local

Dans tous les pays et dans tous les temps, même du nôtre, on peut voir que dans une localité quelconque il y a deux langues ; la langue littéraire écrite, et la langue que parle le peuple. Cette dualité, il va sans dire, ne se retrouve que les peuples civilisés qui ont une écriture. Il est clair que chez les Africains qui n'ont pas d'écriture, il n'y a qu'une langue, celle du peuple, qui a des formes très variées.

Chez les peuples civilisés, que voyons-nous ? une langue littéraire qui souvent est une importation de l'extérieur, et dont l'école s'efforce, avec un succès qui n'est pas partout le même, de faire la langue populaire. Il en a été ainsi dans l'antiquité : en Grèce, il y a eu des dialectes dont plusieurs ont produit des œuvres littéraires ; s'il y en a un qui ait établi sa suprématie, c'est le dialecte attique. En revanche, il est clair que dans l'empire romain, où le latin était la langue littéraire officielle, les dialectes populaires n'avaient nullement disparu, même en Italie. A Pompéi, les fouilles toutes récentes ont mis à jour des inscriptions ayant trait à la vie municipale ; ces inscriptions sont dans un dialecte osque et non en latin.

Ce que nous voyons de nos jours nous le montre encore plus clairement. Le français est le dialecte de l'Île de France ; il est devenu la langue littéraire, non seulement de toute la France, mais de la Belgique et de la Suisse romande. Mais quelle quantité de dialectes il recouvre ! Le français, le beau parler, le beau langage, celui du siècle de Louis XIV fait loi depuis cette époque, et signifie en fait le langage qu'on parle à Paris, et qui doit être celui de toute personne ayant reçu une éducation littéraire. Aussi le mot *patois* est-il tombé dans le discrédit ; c'est le langage des personnes grossières surtout des paysans. Il en résulte qu'en français le mot *patois* sonne mal. Il a quelque chose de méprisant, et l'on n'en reconnaît pas même la valeur philologique. Rien n'est plus injuste que ce point de vue. C'est un élément très important dans l'histoire de la langue française, car ces patois, ou ces dialectes qui pour la plupart ne sont pas écrits, sont tous plus anciens dans la région où on les parle, que le français. Si de nos jours quelques auteurs ont écrit des poésies ou des romans dans l'un de ces dialectes, comme Jasmin pour le patois d'Agen, si l'on a mis par écrit ce patois tout récemment, cela ne veut pas dire qu'en Gascogne le patois soit la dernière forme du français, et ne soit né qu'au moment où Jasmin l'a employé pour une composition ; il est beaucoup plus ancien à Agen que le français.

Cela est encore plus frappant pour l'allemand, qui règne sur une grande partie de l'Europe, depuis la Prusse orientale jusqu'en Alsace, dans les cantons de Fribourg et du Valais ou, plus en Orient, en Styrie. Dans cette vaste étendue, la langue littéraire est la même. C'est en allemand qu'on imprime tous les livres, c'est la langue officielle. Un journal publié à Königsberg diffère à peine de celui qui paraît à Berne ou à Zurich ; chez les protestants la Bible est la même, et la prédication est dans le langage de la Bible. Mais qu'on écoute le peuple, et l'on entendra quantité de dialectes souvent assez différents les uns des autres, à tel point que ceux qui les parlent ne se comprennent pas toujours entre eux, s'ils appartiennent à des régions un peu éloignées, quoique tous ces dialectes soient des dialectes allemands.

A cet égard, ce que nous voyons en Suisse est fort instructif. Chaque canton a un ou plusieurs dialectes. Il en est un, celui du canton de Berne, le Bärndütsch, qui a conservé un caractère plus archaïque que les autres. Si le premier traducteur de la Bible, le Goth Ulfilas, revenait dans ce monde, ce serait d'un paysan bernois qu'il serait le mieux compris. Et aujourd'hui quand vous voyez surgir une littérature en Bärndütsch, surtout des contes qui, pour être plus vrais et mieux se conformer aux habitudes et au langage du pays, emploient le Bärndütsch, direz-vous que cette langue est la forme la plus récente, une dégénérescence de l'allemand? Sans doute ce langage parlé s'est modifié au cours des siècles, mais il n'en est pas moins vrai qu'il a conservé des mots très anciens et des formes qui ne sont pas celles de l'allemand littéraire.

Et ce qui est vrai du dialecte bernois l'est également pour ceux de Zurich, de Lucerne et de tous les autres cantons; tous ces langages parlés remontent à une haute antiquité et sont plus anciens que la langue littéraire qui est une importation de l'extérieur. De même, en Allemagne, parce qu'au XIXe siècle on a écrit en Plattdeutsch des romans qui ont eu une grande vogue, cela veut-il dire que le Plattdeutsch est né à ce moment-la, ne date que de Fritz Reuter, et est une déformation de l'allemand ?

Ces deux exemples, auxquels on pourrait ajouter un grand nombre d'autres, sont suffisants pour montrer que partout la langue parlée est plus ancienne que la langue écrite, et que si cette langue parlée n'a été mise par écrit que très tard, cela ne veut pas dire qu'elle ne remonte pas à une date fort ancienne et qu'elle ne date que du moment où elle nous est connue, parce qu'on s'est décidé à la mettre par écrit.

Revenons maintenant à l'Égypte. Nous y trouvons une langue littéraire écrite en hiéroglyphes. Cette langue littéraire à dû à l'origine être la langue parlée du clan ou de la tribu qui a inventé l'écriture. Elle s'est répandue de là sur tout le pays. Elle est devenue la langue littéraire de toute la population chamitique qui peuplait la partie de la vallée du Nil qui a été l'Égypte, peut-être même au delà, jusqu'en Nubie. Cette langue littéraire a subi une modification, elle a pris une forme plus populaire, le démotique, dont l'écriture est une déformation de la figure. Elle n'est pas cependant la langue populaire, car elle est restée une, et n'en a pas reproduit les diversités dialectales. Celle-ci, nous la connaissons, c'est le copte qui présente la variété dialectale du langage parlé. Pendant longtemps on a connu trois dialectes; nous en avons maintenant un quatrième, celui d'Akhmim. (1) Il est bien possible qu'il y en eût davantage, mais comme nous n'en avons pas de document écrit, nous n'en connaissons pas l'existence.

---

(1) L'évangile de St. Jean en copte, qui vient d'être découvert, est dans un dialecte qui tient du Sahidique et de celui d'Akhmim. C'est sans doute celui de la localité où vivait le traducteur de cet évangile.

Le copte est le langage parlé dans divers points de la vallée. C'est donc une forme très ancienne de la langue, qui s'est modifiée au cours des siècles, mais dans laquelle nous devons chercher l'explication de formes, et souvent la lecture de signes de la langue littéraire. Sans doute il y a eu des changements dans les deux langues, elles ont marché dans des directions qui n'étaient pas les mêmes ; néanmoins c'est au copte qu'il faut d'abord recourir pour comprendre l'ancien égyptien. Le langage parlé est toujours plus ancien que le langage écrit, c'est là un fait qu'on ne peut contester. Quand on nous présente, comme le font encore MM. Sethe et Gardiner, le copte comme étant la dernière forme de l'égyptien, parce que nous ne le connaissons que par des écrits qui datent de l'ère chrétienne, c'est là une erreur flagrante. C'est dire, pour reprendre l'exemple de l'allemand, que le dialecte bernois ou le Platt-deutsch ne datent que de nos jours. A l'époque où les auteurs égyptiens écrivaient des ouvrages comme le Conte des deux frères ou le Poème de Pentaour, Thèbes avait son dialecte parlé qui n'était pas celui de ces écrits et qui n'était pas le même que celui de Memphis, quoique dans ces deux endroits la langue littéraire fût la même avec quelques légères différences qui proviennent du dialecte local. L'existence de ces dialectes locaux à l'époque du Nouvel Empire est bien établie par un passage du papyrus Anastasi I (pl. 28, 5). (1) : « Tes paroles sont difficiles à comprendre.... on ne peut les expliquer ; c'est comme les paroles d'un homme du Delta avec un homme

____

(1) Chabas, Voyage, p. 304 ; Gardiner, Anastasi I, p. 30.

d'Eléphantine. » Ce passage décrit exactement ce qu'il en était
à cette époque. Il fait la différence entre la langue écrite,
qui est celle dans laquelle l'auteur s'adresse à son interlocuteur,
et la langue populaire parlée. Les habitants des deux extrémités
de l'Égypte avaient des dialectes assez différents pour qu'ils
ne pussent pas se comprendre. Il est évident que cet état ne
datait pas de l'époque de l'auteur du papyrus ; il remontait
certainement très haut ; comme nous le disions, la tribu qui
habitait le Delta avait un dialecte différent de celle qui habitait
Éléphantine.

Il y a eu dès l'origine des dialectes en Égypte, la langue
littéraire a d'abord été l'un de ces dialectes, et l'idée qu'on
n'a parlé au début dans toute la vallée qu'une seule langue,
dont sont issus les dialectes, est complétement fausse. Même
dans la langue française on peut quelquefois trouver des traces
de dialectes ; les scribes ont fait passer dans ce qu'ils écrivaient
des expressions de leur langage parlé, de leur dialecte.

En dehors du renseignement du papyrus Anastasi dont a
parlé M. Chabas, cette question des dialectes paraissant dans
les livres a fait l'objet de deux travaux importants, aujourd'hui
totalement oubliés, dus à Baillet (1) et à Piehl.

Baillet prend deux documents ptolémaïques à peu près de
la même époque l'un de Memphis de l'an 160, l'autre de Thèbes
de l'an 182, tous deux en démotique, et il constate entre ces
deux actes des différences qui ne peuvent provenir que des
localités où ils sont écrits, c'est-à-dire dialectales. Ce sont des

____

(1) Baillet, Dialectes égyptiens. Œuvres diverses, vol. I, p. 57 ; Piehl,
Dialectes égyptiens retrouvés au pap. Harris. Stockholm 1882.

différences d'orthographe, de terminaisons,. d'emploi des consonnes, et de genres. Les mêmes idées ne sont pas toujours
exprimées par les mêmes mots, et chacun des deux dialectes
a ses idiotismes, en particulier dans les expressions pro-
nominales.

Puis il compare entre eux les deux textes démotiques des
inscriptions de Canope et de Rosette. Tous deux doivent avoir
été écrits dans la Basse Égypte, et on y retrouve plusieurs
des caractères que Baillet a pu constater pour le dialecte
memphitique, néanmoins il y a encore entre eux des différences.
A notre sens, ces différences peuvent être aussi locales, les
dialectes peuvent varier entre des villes ou des régions très
voisines. Baillet n'a connu les deux dialectes qu'à l'époque
ptolémaïque. Mais Piehl remonte beaucoup plus haut ; il les
retrouve dans la grand document de Ramsés III connu sous le
nom de papyrus Harris. Ce document peut être divisé en quatre
parties ; la première relative aux dieux de Thèbes qui doit avoit
été écrite en dialecte thébain, les parties II et III relatives aux
dieux d'Héliopolis et de Memphis, seraient le dialecte du Nord,
et la quatrième partie relative aux dieux de toute l'Égypte, de
nouveau en dialecte thébain. Piehl suit Baillet dans l'énumération
des caractères des deux dialectes ; ce sont des différences
d'orthographe, de terminaisons, de genre, et d'emploi des consonnes ; la même idée n'est pas rendue par les mêmes mots,
et enfin chaque dialecte a ses idiotismes. La conclusion de Piehl
est qu'il faut supposer que le grand papyrus Harris est conçu
au moins en deux dialectes tranchés. Cette conclusion est importante, car elle porte, non plus comme celle de Baillet, sur

des textes démotiques de l'époque ptolémaïque, mais sur un grand monument littéraire de la XXe dynastie, écrit en hiéroglyphes.

Ainsi les variantes que l'on rencontre ne sont pas le produit de la modification de la langue qui régnerait dans toute l'Égypte, elles tiennent à l'influence locale, elles proviennent du langage parlé et ne sont que des variantes dialectales. Nous ne devons donc pas nous efforcer de découvrir dans la langue écrite des étymologies coptes ; c'est l'inverse ; nous avons à rechercher comment la langue écrite reproduit ce que nous trouvons dans l'un ou l'autre des dialectes coptes. Il est clair que nous ne pouvons pas toujours établir cette correspondance. Depuis l'époque très ancienne où l'écriture a été inventée jusqu'à l'ère chrétienne où nous voyons paraître les textes coptes, les deux langues ont divergé de plus en plus, néanmoins nous pouvons suivre dans toutes deux les grandes lignes, soit de la grammaire, soit de la prononciation. A cet égard, Champollion avait raison en principe ; il explique tout ce qui est écrit en hiéroglyphes par le copte. Il est clair qu'il a poussé le principe trop loin ; il y a beaucoup de ses explications coptes qui ne peuvent pas se soutenir. Mais son point de départ est le vrai : chercher dans le copte, dans la langue parlée telle que nous la connaissons à l'époque chrétienne, ce qui peut faire comprendre telle forme grammaticale, ou ce qui nous donne la valeur d'un signe. Dans un grand nombre de cas la correspondance ne peut pas être établie, mais l'un des termes de la comparaison est donné clairement, et ce n'est pas une forme empruntée à une langue théorique antérieure à la langue littéraire que nous connaissons par les hiéroglyphes, et qui se serait développée suivant les règles posées par la philologie. Nous ne pouvons admettre cet égyptien type dont celui que nous connaissons n'est qu'une dégénérescence. Pour nous, la forme primitive de l'égyptien, l'Urägyptisch comme l'appellent les Allemands, c'est la langue parlée de l'un des clans, peut-être quelque part en Haute Égypte, et les modifications qu'il a subies sont celles qui dérivent de la parole, et non de règles qu'on croit avoir retrouvées dans les textes écrits.

Chapitre V

La figure

La première écriture, c'est la figure, l'application, du dessin à représenter un son. Ce son, c'est le langage parlé, c'est-à-dire des mots. C'est là le premier pas important. Un dessin ne devait plus être expliqué par une phrase comme c'était le cas pour les dessins primitifs, mais il représentait les éléments dont se compose une phrase, c'est-à-dire les mots. Pour le primitif, le mot est un son ; ce n'est pas un assemblage de consonnes et de voyelles, c'est simplement un phonème unique qu'on ne sait pas encore analyser ; on le prononce sans y voir un composé de deux éléments différents dont on ne peut pas supposer l'existence.

On ne saurait trop insister sur ce point. Ce n'est pas par un alphabet que l'écriture égyptienne a commencé. Au début il n'y avait que des figures. Les hiéroglyphes ne sont pas des lettres, ce sont des figures. Une figure est un phonème unique, c'est par là que l'écriture a débuté. Elle n'a pas d'autre origine. Avant la figure il n'y avait rien. C'est donc une erreur de soutenir que les hiéroglyphes ne sont que des consonnes ; cela implique nécessairement qu'il y aurait déjà un alphabet qui distinguait les deux genres de lettres. Or, je le répète, avant la figure il n'y avait rien d'écrit. Parler de consonnes et de voyelles à ce moment, c'est épeler les mots, ce qui ne peut se faire que pour une langue écrite.

Les primitifs qui cherchaient un moyen graphique de reproduire la parole n'étaient pas arrivés à la conception des lettres; ils n'avaient pas de connaissances grammaticales leur enseignant que le mot, la figure, qui pour eux était un phonème unique, se décomposait en deux éléments, et surtout il ne leur serait pas venu à l'idée que s'ils voulaient reproduire le son de ce qu'ils entendaient, il fallait choisir dans le phonème celui des éléments qui ne s'entendait pas seul.

Comme il n'y avait pas de figure pour chaque mot, il a fallu ne voir dans celle-ci qu'une syllabe ayant un certain son qui était le nom de l'objet figuré, quelle qu'en fût la signification dont il n'y avait pas lieu à tenir compte.

Le premier à montrer que les caractères hiéroglyphiques étaient des syllabes a été Lepsius, dans sa fameuse lettre à Rosellini. (1) Parlant de la décomposition des mots, il dit : « On devait chercher à décomposer les mots en des éléments aussi simples que possible, c'est-à-dire en syllabes, car on comprend qu'on ne pouvait pas encore songer à la séparation de la voyelle et de la consonne parce que ni l'une ni l'autre ne pouvait avoir un sens dans la langue parlée, et ne pouvait par conséquent pas avoir non plus une représentation figurative ou symbolique dans l'écriture primitive. » Plus loin, Lepsius parle de « l'absurdité de la supposition qu'on aurait jamais pu inventer une écriture à consonnes pures ».

Il est revenu là dessus dans un travail subséquent (2) où, à propos de l'hébreu, il fait un raisonnement qui s'applique absolument à l'égyptien : « un alphabet qui ne serait que des consonnes supposerait chez les inventeurs une doctrine phonique

____

(1) Lettre à Rosellini, p. 36 et 37.
(2) Standard Alphabet, p. 175.

beaucoup trop abstraite; et même si une séparation systématique des consonnes avait été possible, il n'y aurait pas de raison pour ne pas inventer des signes correspondant aux autres éléments séparés : les voyelles. »

Ainsi Lepsius est le premier qui ait déclaré qu'il n'y avait pas d'alphabet, qu'il ne pouvait pas y en avoir, qu'on avait commencé par un syllabaire. Ces syllabes sont de deux sortes ; elles peuvent être fermées, c'est-à-dire composées de deux consonnes entre lesquelles est une voyelle, ou elles peuvent être ouvertes, c'est-à-dire composées d'une consonne suivie d'une voyelle. Tous les caractères qui sont devenus alphabétiques sont des syllabes ouvertes. Ce fait a été mis en lumière dans un travail que le Dr. Birch a publié en 1857 : « Il est probable, nous dit-il, qu'en égyptien les mots primitifs et les hiéroglyphes phonétiques consistaient en une consonne suivie d'une voyelle.... La nature de l'ancienne langue est d'être purement syllabique. » (1) Chaque caractère doit avoir eu à l'origine le son plein du nom de l'objet qu'il représentait, et le Dr. Birch dresse une liste de ces caractères syllabiques composés d'une consonne et d'une voyelle, qui sont devenus des caractères alphabétiques. Plusieurs de ses déterminations sont erronées, mais il n'en est pas moins vrai que le principe est juste. Par degrés la voyelle a disparu, ou s'est séparée de la consonne qui est restée seule.

Après Birch, l'égyptologue qui soutint avec vigueur l'idée qu'il n'y a pas dans l'écriture égyptienne d'alphabet, mais seulement un pur syllabaire, c'est Le Page Renouf. Les

---

(1) Introduction to the study of the Egyptian Hieroglyphics, p. 231 et suiv.

Egyptiens ne connaissaient ni voyelles ni consonnes dans leur représentation des sons. Si le son à représenter est une syllabe aussi simple que *a, i, u,* un signe représentant cette syllabe existera certainement. Aucun syllabaire connu n'a été trouvé défectueux en cela, car l'on ne saurait assigner aucune raison de cette imperfection. (1)

Renouf insiste là-dessus avec une grande énergie. La dernière fois, à ma connaissance, c'est dans la préface de la troisième édition de sa grammaire. Il revient sur le fait que, dans aucun syllabaire connu, les signes voyelles ne manquent. Il avoue avoir d'abord partagé l'erreur qui consiste à ne voir dans l'écriture hiéroglyphique que des consonnes, jusqu'au moment où il connut mieux les faits, et il juge le système allemand avec une grande sévérité.

L'hiéroglyphe est une figure, et il a le son plein de l'objet qu'il représente. Comment arriva-t-il à jouer le rôle d'un caractère alphabétique? Ces caractères ne peuvent provenir que d'une figure dont le nom est une syllabe ouverte, une consonne et une voyelle. Il s'agit donc de retrouver la figure dont le nom se présente sous cette forme et qui, ou par l'amuissement de la voyelle dans le langage ou par son omission, est devenue un caractère alphabétique.

Cette question du passage de la figure au caractère alphabétique, dont Birch avait déjà entrevu la solution, a été reprise par M. Golenischeff dans un travail qu'il a présenté au congrès des Orientalistes de Leyde en 1883.

____

(1) Life work II, p. 154. Grammaire, p. IX.

Le savant russe commence par réfuter l'opinion de Champollion, qui a soutenu que les caractères alphabétiques étaient formés par l'acrophonie, c'est-à-dire en empruntant pour chaque signe cette valeur alphabétique à la première lettre du mot, qui dans la langue égyptienne servait à nommer l'objet représenté par l'hiéroglyphe : ainsi [hiéroglyphe] devrait sa valeur au mot ⲁϧⲱⲙ l'*aigle* qu'on trouve en copte, mais non en égyptien. M. Golenischeff montre que pour ce mot ⲁϧⲱⲙ le correspondant égyptien [hiéroglyphes] a pour voyelle initiale [hiéroglyphe] et non [hiéroglyphe]. La valeur alphabétique du signe est le nom de l'objet qu'il représente ; ainsi [hiéroglyphe] *a* est un mot entier qui a pour variante [hiéroglyphe] ainsi que Bergmann et Brugsch l'ont déjà montré, [hiéroglyphe] *ro* ou *ru* est le nom de la bouche ; le lion [hiéroglyphes] est la lettre *r* ou *l*, [hiéroglyphe] vient de la vague [hiéroglyphe] qui est aussi l'origine de [hiéroglyphe]. [hiéroglyphe] est le mot [hiéroglyphes] ; [hiéroglyphe] vient de la racine [hiéroglyphe] *thi* et [hiéroglyphe] de la racine verbale [hiéroglyphes].

M. Sethe est revenu là-dessus à deux reprises sans tenir aucun compte des travaux de son prédécesseur. Il part du principe juste qu'avaient établi Birch et Golenischeff, que la valeur phonétique des signes provient du nom de l'objet qu'ils représentent et qui a les mêmes consonnes, ainsi [hiéroglyphe] *r* représente la bouche, [hiéroglyphe] un verrou, [hiéroglyphe] un trône, [hiéroglyphe] le corps, [hiéroglyphe] le serpent uraeus, [hiéroglyphe] un bassin. Toutes les identifications de M. Sethe ne sont pas d'une certitude égale ; pour [hiéroglyphe] il nous semble que celle de M. Golenischeff est plus probable ; mais ce qui pour nous ôte aux affirmations de M. Sèthe une grande partie de leur valeur, c'est qu'il part du principe que de cette manière il n'est né que des consonnes, aucune voyelle ;

ainsi ⸺ est une consonne parce que les Sémites transcrivaient cette lettre par **y**. L'écriture des langues sémitiques, surtout l'hébreu, voilà ce qui fera loi pour l'égyptien : une écriture amorphe doit nous faire comprendre ce qu'était une écriture figurative née probablement des milliers d'années avant l'autre; au lieu de rapprocher l'égyptien de la plus ancienne écriture sémitique, le babylonien cunéiforme, qui a commencé par la figure, lui aussi, et qui est arrivé aux signes syllabiques, les syllabes les plus simples étant les voyelles, et qui n'a pas de consonnes dépourvues de voyelles.

Il semble donc bien que jusqu'à il y a peu d'années, les égyptologues étaient d'accord pour considérer l'écriture égyptienne comme un syllabaire qui, de même que toutes les écritures syllabiques, avait des signes pour les syllabes les plus courtes, les voyelles.

Voyons maintenant la théorie nouvelle qui au dire de M. Sethe écrivant en 1916, est le fruit des travaux égyptologiques des dix dernières années, qu'on n'apprécie pas à leur juste valeur. Nous jugeons cette théorie d'après deux des travaux les plus récents : Die Hieroglyphen, du Prof. Erman, et le mémoire de M. Sethe : Die Vokalisation des Ägyptischen, dans la Revue de la Société Orientale allemande 1923.

M. Erman commence par décrire une représentation qu'on trouve sur une palette de l'époque préhistorique. Cette représentation est un dessin qui s'explique facilement, mais qui ne peut pas se lire ; ce n'est pas une écriture, c'est ce que seront plus tard les sculptures des temples ou des tombeaux, où un texte explique ou complète la représentation. Ici l'écriture nous indique où se passe la scène. Il n'y a d'écriture proprement dite que le groupe ⟵ qui nous apprend que le pays d'Ua est le théâtre des exploits d'Horus.

Quant à l'origine des signes, M. Erman la voit dans un sens symbolique. S'agit-il du signe 𓁨 qui veut dire des millions, une somme infinie ; c'est le comptable qui, effrayé de la somme gigantesque qu'il a devant lui, ne se possède plus d'excitation. De même l'homme qui lève les bras 𓀠 indique la joie. Cent mille est représenté par un têtard, qui pullule dans les marais. Ce paragraphe de M. Erman rappelle tout à fait Horapollon. (1)

Mais (je cite toujours le même auteur), ce qui est plus important que ces interprétations fantaisistes, c'est ce qu'on voit à propos du pays d'Ua : l'emploi de mots qui ont le même son ; on n'arrivait par là qu'à une approximation. M. Erman n'insiste pas sur ce qui est la véritable origine de l'écriture ; l'emploi de la figure comme élément phonétique, comme un mot ou une syllabe où l'on ne tient compte que du son, et non de l'objet que la figure représente. Le rébus, c'est par là que l'écriture a commencé. Ce qui est venu au secours des écrivains continue M. Erman, c'est une particularité de la langue. Il en est en égyptien comme en hébreu ou en arabe; les différentes formes d'un mot sont indiquées par le changement des voyelles ; aussi ces langues considèrent-elles les voyelles comme un accessoire, et le sens d'un mot est donné par les consonnes. Le scribe égyptien, quand il voulait rendre un mot par un autre, ne s'inquiétait pas de savoir si les voyelles étaient les mêmes ;

____

(1) Erman, l. c., p. 15.

il lui suffisait que les consonnes fussent identiques d'un mot à l'autre, et il n'écrivait que les consonnes. Et voilà ce que l'école allemande nous prêche depuis plusieurs années, et ce qui est devenu la pierre angulaire de son système.

Il nous semble qu'il y a des objections très graves à cette théorie. Et d'abord celle-ci, sur laquelle nous reviendrons plus bas : nous ne pouvons admettre qu'on compare l'écriture égyptienne, qui se compose de figures, à des alphabets amorphes de date beaucoup plus tardive, et d'une origine toute différente. L'écriture égyptienne doit être comparée à la plus ancienne écriture sémitique, l'accadien babylonien, qui est aussi parti de la figure, et qui est arrivé à un syllabaire indiquant toutes les voyelles, et ayant des signes pour les voyelles qui ne sont autre chose que de courtes syllabes.

Revenons à l'origine. Comme je l'ai dit plus haut, nous sommes devant une tribu qui n'a point d'écriture, et qui ne sait pas ce que c'est. Ces hommes n'ont que le dessin. Un jour naît chez eux le désir que ce dessin serve à reproduire leur langage, ce qu'ils disent et ce qu'ils entendent. Ils le feront en tout premier lieu par le dessin, par la figure. Ils feront servir la figure à reproduire un son ; le nom de l'objet qu'elle représente sera employé comme tel. Ce nom, en un mot, sera un phonème unique qu'ils ne peuvent pas analyser; car ils ne savent pas ce que sont des lettres qui forment ce phonème. Or, d'après M. Erman, ils auraient déjà des connaissances grammaticales : ils sauraient que le nom de la figure se compose de deux éléments, de voyelles et de consonnes, et, pour rendre ce qu'ils disent et ce qu'ils entendent, ils ne reproduiront que ce qui ne s'entend pas, car c'est cela seul qui donne le sens de la figure. On se demande si aujourd'hui une tribu africaine ou du Laos, sans écriture, procéderait ainsi pour en créer une.

Elle devrait se ranger à l'évidence que ce qui caractérise toute figure, c'est la voyelle. Il n'y a pas de figure sans voyelle, laquelle, si l'on veut rendre ce qu'on entend, doit nécessairement être reproduite. D'après M. Erman, la voyelle ne serait que l'accessoire, ce sont les consonnes seules qui importent, par conséquent, pour prendre un exemple dans notre langue, il suffirait d'écrire *pn* qui pourrait être *pin*, *paon*, ou *pain*; ce serait là le principe auquel la tribu africaine serait arrivée. Nous ne saurions admettre que c'est par là qu'a commencé l'écriture, c'est-à-dire la première manière de reproduire ce qu'on entend.

M. Sethe commence par montrer comment Champollion s'est trompé quand, ne trouvant dans le nom de Cléopâtre que quatre voyelles et dans celui de Ptolémée que deux il a affirmé que les voyelles médiales manquaient, et qu'on n'exprimait que les voyelles principales, au commencement et à la fin. M. Sethe ne cite pas Champollion correctement, car il dit que dans Ptolémée il n'a trouvé que la voyelle *o* et s'il avait donné à ⷮ *i* ou *ai* son vrai nom, s'il l'avait appelé consonne, il aurait reconnu que le nom de César n'était écrit que par des consonnes comme Sebastos. Ainsi il suffit d'appeler consonnes des signes qui, comme ⷮ, sont évidemment des voyelles, pour établir que dans l'écriture égyptienne il n'y a que des consonnes. Quand on avança dans le déchiffrement, on vit que même les voyelles principales d'un mot, celles qui le caractérisent, sont ignorées ; par exemple le mot qui en copte est *ran* n'est jamais écrit que *rn*, et M. Sethe en cite un grand nombre d'autres qui sont vocalisés en copte, et dont on ne trouve que les consonnes. Mais M. Sethe fait erreur quand il prend ⊂⊃ et 〰 du mot égyptien pour de simples consonnes : ce sont des syllabes, des syllabes ouvertes qui étaient à l'origine des figures et qui sont composées d'une consonne suivie d'une voyelle. Champollion avait fait la même erreur. Rappelons-nous que nous sommes aux premiers essais d'écriture, et que ces premiers essais n'ont certainement pas été un alphabet où l'on distingue les deux genres de lettres qui forment un mot et où l'on n'en adopte qu'une. Que ces essais n'aient donné qu'une approximation, que ces deux figures rapprochées n'aient pas donné exactement le son *ran*, nous ne songeons pas à le nier ; aussi, pour amener à la prononciation véritable, il a fallu un signe auxiliaire, le déterminatif. Un mot égyptien est un dessin, et pour être lu il doit d'abord être compris, et c'est pour cela qu'il faut un déterminatif. Il faut que ⊂⊃ soit suivi de 𓀀 ou 𓏭 qui indique comment ce mot doit être prononcé, et quelles en sont les voyelles. (1)

Nous avons montré ailleurs, (2) et nous y reviendrons, que c'est faux de soutenir qu'une syllabe comme 𓏠 n'est qu'un groupe de deux consonnes, vu que toujours, sauf lorsque le signe se lit *men* dans quelques cartouches, le signe 𓏠 est accompagné de son complément phonétique 〰 ; 𓏠 dans ce

---

(1) Voir chap. IX, le déterminatif.

(2) Évolution de la Langue Égyptienne, p. 8 et chap. VIII, l'acrophonie.

cas n'est que la lettre *m*, et il peut y avoir diverses voyelles entre *m* et *n*.

Ce que M. Sethe ne peut admettre, c'est que les signes vocaliques puissent avoir une grande variété de sons. Il ne paraît pas avoir reconnu qu'il fallait séparer le son du signe, de même que dans les langues modernes ; en particulier en français et en anglais : la lettre *a* n'a pas toujours le son *ā*, ni en français ni en anglais, ni l'*e* ni les autres voyelles. Les signes ▯ et ▭ apparaissent régulièrement dans certains mots, tandis que dans d'autres les voyelles sont absentes. Cela prouve donc que c'étaient des consonnes, l'א et l'ע des Sémites, puisque c'est toujours de deux langues sémitiques récentes qu'il faut partir, l'hébreu et l'arabe.

Comme le dit Le Page Renouf, pour les Égyptiens l'ע n'était qu'un son vocalique, et non une consonne qui n'est prononcée ni par les Turcs ni par les Persans, ni par d'autres nations, lesquelles ont adopté l'alphabet sémitique. (1) Et même parmi les Arabes, la prononciation de la consonnne est loin d'être générale. Il y a quelques années, mon compatriote M. le professeur Hess en vue de ses recherches sur les langues sémitiques, consultait un Arabe qui venait du Nedjed. Pour cet enfant du désert qui ne savait pas écrire, l'ע n'existait pas dans sa prononciation comme consonne, ce n'était qu'un son vocalique. Peut-on donc supposer que les anciens Égyptiens, qui cherchaient par l'écriture à reproduire ce qu'ils disaient, auraient adopté une consonne qu'ils ne prononçaient probablement

____

(1) Renouf, Life work, II, p. 87.

pas, et dont l'existence n'aurait pu être révélée que par un texte écrit, qu'ils n'avaient pas parce que l'écriture leur était inconnue ?

Les voyelles *o* (qui doit être ⟨⟩) et *i* ont eu à l'origine la valeur des consonnes sémitiques *wau* et *iod*, et pour le prouver M. Sethe fait des reconstructions fantastiques de la première forme des mots. Ces formes premières, dans quelle langue ont-elles existé ? et qui a parlé cette langue ? Voici par exemple le mot *cinq* qui s'écrit par l'étoile ✶ dont la lecture est ⟨⟩ ou ⟨⟩, en copte ϯⲟⲩ ; la forme originale de ce mot est *dījeu* ; ⟨⟩ ✶ *l'heure*, en copte ⲟⲩⲛⲟⲩ, ce mot devrait avoir la forme *ewnuwet*. Il est inutile de citer d'autres de ces reconstitutions dont le mémoire de M. Sethe fourmille.

Si l'on consulte les paradigmes verbaux coptes tels qu'ils sont présentés par Stern, on voit que ù la voyelle varie suivant l'emploi du mot, ainsi ⟨⟩ qu'on transcrit *ȝ tp* et que je lis *atep* ou *otep*, peut-être *otêp*, *ĕtep* et *otepe* ; ⟨⟩ *entendre* ou ⟨⟩ transcrit *stem* et que je n'hésiterai pas à lire *sotem*, car le copte ⲥⲱⲧⲙ nous apprend que ⟨ du début qui est encore le syllabique *so* peut, suivant les formes, être *sotm, setm, sotm*. ⟨⟩ transcrit *msj* et que je lirais *mos*, car la voyelle entre *l'm* et *l's* est un ⟨⟩, devient *mise, mest, mastif, mise*. « Comme on le voit, dit M. Sethe, les signes que nous transcrivons par *ȝ, i,* ʿ, *w, j*, correspondent partout à une consonne grâce à laquelle la racine du verbe obtient sa forme complète. »

Ma conclusion est absolument contraire ; la forme du verbe n'est complète que parce qu'il y a des voyelles. Intercalez entre les consonnes de la racine d'autres consonnes, cela ne

produira qu'un mot qui ne peut pas se prononcer, à moins
que vous ne donniez à ces lettres une valeur qui n'est que
vocalique. Je prends un exemple en français : le verbe *porter*
qui, d'après vous, serait écrit *prter*. Vous introduirez dans
la première syllabe ce que vous appelez une consonne, *o* : *porter*.
Si cet *o* n'a pas une valeur vocalique pure, le mot n'est pas
complet et ne peut se lire. Si *a*, *e*, *i*, *o*, *u* ne sont pas des
voyelles, alors qu'est-ce que c'est que des voyelles ? Et le moyen
commode de prouver qu'en égyptien il n'y a que des consonnes,
c'est d'appeler consonne ce qui n'est pas autre chose qu'une
voyelle. M. Sethe s'étonne que Maspero n'ait pas été converti
par de tels arguments, et que moi aussi je ne veuille pas m'y
ranger ; mais comment accepter des affirmations comme celle-ci :
« Ce sont des articulations qui ne répondent pas aux voyelles
coptes, mais qui paraissent avant ou après les voyelles et qui
manquent au copte. » Ainsi ces cinq consonnes ont disparu de la
langue parlée. Mais qu'est-ce qui nous prouve qu'elles y aient
jamais été ? Si dans ⟨hiér.⟩, copte ⲱⲧⲡ, la voyelle ⟨hiér.⟩ a été
précédée d'une consonne qui n'existe plus en copte, qu'est-ce qui
peut nous faire croire qu'elle existait dans la langue parlée de
la tribu qui a inventé l'écriture ? Et si ces hommes ne l'avaient
pas dans leur langue, où donc l'auraient-ils prise, puisqu'il n'y
avait rien d'écrit ? Il ne peut pas y avoir dans l'écriture des
consonnes qui n'existent pas dans la langue parlée. Mais il faut
à tout prix faire de l'égyptien une langue sémitique dans laquelle aucun mot ne peut commencer par une voyelle.

Dans les pronoms de la troisième personne ⟨hiér.⟩ et ⟨hiér.⟩, si
on les compare aux pronoms arabes *huwa* et *hija*, cela prouve

clairement que 𓅦 et ⲱ sont des consonnes *w* et *j*. Ainsi on veut reconstituer les formes de la langue d'après une autre qui est plus jeune de milliers d'années. Je ne saurais absolument pas dire pourquoi, pour les inventeurs de l'écriture, 𓅦 et ⲱ n'étaient pas des voyelles *u* et *i*. Il en est de même du suffixe *i* (*j*) de la première personne dont on nous dit que ce ne peut être qu'une consonne, toutes les autres personnes se terminant par une consonne.

« Le fait, continue notre auteur, que l'écriture égyptienne était une écriture de consonnes pures qui ne tenait pas compte des voyelles, est la condition première de la naissance des caractères alphabétiques, lesquels n'auraient jamais pu naître là où la consonne est jointe à une voyelle. Ce sont les figures de mots qui contenaient une consonne seule, et qui, comme tous les autres signes, ont obtenu la valeur phonétique d'un rébus, et dont le son a été transporté à d'autres mots qui avaient cette consonne. » (1) Ce raisonnement nous paraît des plus étranges, et même contraire au bon sens. Revenons à la tribu africaine qui cherche un moyen de reproduire ce qu'elle entend. Elle choisit des figures dont le nom est composé d'une consonne seule, elle y ajoutera des voyelles et se servira de

---

(1) Die Tatsache, daß die ägyptische Schrift eine — reine — Konsonantenschrift, ohne Berücksichtigung der Vokale, war, ist die Vorbedingung für die Erfindung oder richtiger die Entstehung der Buchstaben gewesen, die da, wo Konsonant und Vokal zur Silbe vereint geschrieben wurden, niemals entstehen konnten. Es sind die Bilder solcher Wörter, die nur noch einen Konsonanten enthielten, nun wie alle anderen Zeichen, die phonetische Werte bekommen haben, nach Rebusart mit dem entsprechenden Lautwert auch auf andere Wörter übertragen worden, in denen der betreffende Konsonant vorkam.

cette consonne pour rendre d'autres mots qui la contiennent. Mais, je le demande, où trouvera-t-on une figure dont le nom soit une consonne seule ? c'est une création impossible et qu'on chercherait vainement dans toutes les langues. Une voyelle seule, ou une diphthongue, peut être un mot, une consonne seule jamais. Le nom d'une figure contient nécessairement une voyelle. Puis, comme je l'ai dit déjà à plusieurs reprises, ces Africains qui ne connaissent pas les lettres, comment sauraient-ils ce qu'est une consonne ? Ils n'entendent que le nom d'une figure qui est un phonème unique et dont ils ne connaissent pas les éléments.

M. Sethe insiste longuement sur ce que nous ne connaissons pas, la prononciation des mots égyptiens, et il montre d'après les transcriptions en écriture cunéiforme à quel point nous ignorons les noms des rois égyptiens; mais les transcriptions ne peuvent se faire qu'avec les caractères que possède une langue; or, les Assyriens n'ont aucun caractère rendant l'$\bar{o}$ et, comme ils n'ont pas de caractères alphabétiques, mais seulement des caractères syllabiques, ils ne peuvent pas écrire un *n* final, seulement *na*. M. Sethe, à cette occasion, cite les vieux égyptologues qui transcrivent ⟨hiéroglyphes⟩ par *Chufu* ou *Khufu* tandis qu'il faut transcrire *Hufw*, c'est-à-dire un mot qu'on ne peut pas lire et qui est faux. Pour que le *w* anglais fût une consonne, il faudrait qu'il fût au commencement d'un mot ou d'une syllabe. A la fin d'un mot il est muet ou forme une diphthongue avec la voyelle qui précède. Il n'a pas le son *u* par lui-même.

Pour retrouver la prononciation de l'égyptien, dit encore M. Sethe, Champollion avait recours au copte, mais les transcriptions des noms par d'autres peuples ont montré qu'il faut être très prudent dans l'usage du copte, auquel on a recours sans aucune critique, comme si l'italien ou le français devaient nous indiquer la prononciation du latin. La grande ressemblance entre les dialectes montre qu'ils remontent tous au nouvel égyptien, c'est-à-dire à l'écriture et à la langue usuelle du Nouvel Empire, celle qui, partie de Thèbes après l'expulsion des Hyksos, gagna tout le pays. Ceci peut bien s'appliquer à la langue littéraire, mais non pas aux dialectes qui, certainement d'origine très ancienne, n'ont pas été détruits par l'importation de la langue littéraire. Tout le reste du mémoire montre ce qu'on peut tirer du copte, et il nous semble qu'il y a contradiction entre ce qui dit d'abord M. Sethe : qu'il faut user du copte *cum grano salis*, avec une grande prudence, et sa conclusion : « pour la reconstruction de l'ancien égyptien, le copte est de la plus grande valeur ; de toutes les formes de l'ancien égyptien il a conservé beaucoup plus qu'on pourrait attendre après un intervalle de plus de 3.000 ans. » C'est du reste le point de vue que nous avons toujours soutenu.

Après cette longue digression, revenons à ce qui, pour nous, est le principe fondamental. L'écriture égyptienne est un syllabaire. Avant d'en venir au caractère alphabétique, l'écriture a eu une forme syllabique. Il y a des caractères syllabiques de deux sortes ; les uns sont composés de deux consonnes entre lesquelles est une voyelle : c'est ce que nous nommons une syllabe fermée ; les autres sont des syllabes ouvertes, c'est-à-dire composées d'une consonne suivie ou précédée d'une voyelle.

Mais nous ne devons pas nous représenter les inventeurs de l'écriture comme distinguant d'emblée ces deux genres de lettres, et comme cherchant à reproduire non pas ce qu'ils entendaient ou disaient, mais ce qu'on a appelé à juste titre le squelette ou la charpente du mot, c'est-à-dire ce qui n'avait pas de son. Pour eux, l'essentiel est de reproduire le son, et non pas de rechercher dans chaque mot ce qui en est l'élément fixe, la consonne dont la prononciation ne varie pas, mais qui n'a pas de prononciation par elle-même, qu'on n'entend qu'autant qu'elle est associée à l'élément variable, la voyelle. Les primitifs se sont trouvés dans une position tout analogue à celle des missionnaires d'aujourd'hui qui ont à créer une écriture pour une langue qui n'en a pas, comme c'est le cas pour un grand nombre de langues africaines. Ils adoptent l'écriture romaine, mais il ne leur viendrait pas à l'esprit d'écrire des mots composés uniquement de consonnes et de laisser les voyelles de côté. C'est pourtant cela qu'on prétend que nous présente l'écriture égyptienne.

L'écriture égyptienne se compose de consonnes et de voyelles. Dans un travail précédent, j'ai soutenu que l'égyptien avait des voyelles (1) et des diphthongues. Quoique ce travail n'ait guère eu de réponse en Allemagne que le mépris, je n'ai nullement abandonné ma thèse. Partant de ces syllabes ouvertes ou fermées, comment est-on arrivé aux caractères alphabétiques ? Il s'agit d'écrire un mot, c'est-à-dire d'en rendre la prononciation le mieux possible avec les caractères qu'on a, qui sont tous des figures devenues ce que nous appelons des

_____

(1) L'évolution de la langue égyptienne, p. 8 et suivantes.

syllabes. Or chacune de ces figures est formée au moins d'une consonne et d'une voyelle. Il n'y a pas de caractères amorphes auxquels par convention on a donné un son. Nous ne connaissons que très imparfaitement la valeur syllabique des caractères qui sont devenus purement alphabétiques. Quelle était, par exemple, la voyelle de la syllabe —•— qui veut dire un verrou (1), ce devait être , car nous trouvons ce mot écrit , il devait donc se lire *saï* ou plus probablement *soï*. Il en résulte qu'à l'origine quelqu'un qui voulait écrire un simple *s* écrivait *saï*. Nous ne connaissons pas mieux la voyelle de ▭; le copte **ϣⲏⲓ** semblerait indiquer que c'était une voyelle longue que nous rendrons, par hypothèse, par le grec *η*. Quant à l'〰 le copte aussi nous montre que c'était **ⲉⲛ** ou **ⲛⲟⲩ**. Par conséquent, qui aurait voulu écrire le nom du *lotus*  aurait écrit **ⲥⲱⲓϣⲏⲉⲛ** ou **ⲥⲱⲓϣⲏⲛⲟⲩ** ce qui devait être à peu près la prononciation du mot, probablement *Soushin*, un mot qui s'est conservé jusqu'à nos jours (2), et où l'—•— a encore sa voyelle. Le déterminatif indiquait la prononciation vraie. Mais il y a encore un grand nombre de mots où le —•— est un simple *s* et n'est nullement *saï* ou *soï*. Comment le —•— est-il devenu un simple caractère alphabétique, un *s*? Pour l'expliquer, il faut en revenir à l'origine; l'écriture est destinée à reproduire ce qu'on entend ou ce qu'on dit. Il s'agit de rendre le son *s*. Pour cela il n'existe qu'une figure, c'est-à-dire une syllabe ouverte, la consonne précédée ou suivie d'une voyelle il n'y a pas encore

(1) Cf. Sethe, Urk. IV, 498. 1220.
(2) Loret, La flore égyptienne, p. 114.

de caractère alphabétique *s* le mot écrit ne reproduit donc que d'une manière approximative, tout à fait imparfaite, le mot parlé. C'est celui-ci qui est le vrai. Quand on lisait un mot écrit, on corrigeait l'écriture, on laissait tomber la voyelle, qui n'existait pas dans la prononciation, et l'on s'habitua si bien à le faire, que le —*—* est *devenu* un caractère alphabétique, de syllabe ouverte qu'il était à l'origine. C'est ainsi que se sont formés tous les caractères alphabétiques égyptiens, qui cependant ont toujours été des figures.

Il me semble qu'il en est de même en assyrien, dans l'écriture cunéiforme qui n'a que des voyelles et des syllabes ouvertes ou fermées. (1) A la place d'une consonne alphabétique qu'elle n'a pas, elle emploie une syllabe ouverte, ainsi le nom du dieu Phtah s'écrit *up-ta-ah,* est *ni-ib,* *mi-in,* *pa-ah-ta.* C'est exactement ce que nous trouvons en égyptien. Dans l'assyrien, nous pouvons reconnaître une formation tout analogue de l'écriture, et même nous y trouvons une explication de l'origine de l'écriture hiéroglyphique égyptienne. L'écriture sumérienne, assyrienne ou babylonienne a d'abord été figurative, idéographique, mais à une époque très reculée. « Le scribe sumérien, (2) au lieu de se servir de ses figures pour représenter des idées, les emploie pour des sons. Chacune de ses figures ou de ses signes représentait à l'origine quelque objet en nature, et chacun de ces objets avait un nom. Le nouveau procédé consiste à se servir de ces signes pour représenter seulement le son qu'avait leur nom, sans se préoccuper

(1) Friederich dans O. L. Z. 1924, 705 et suiv.
(2) King, Assyrian Language, p. 48.

du sens qu'avait ce nom. En d'autres termes, il tire de ses figures ou de ses idéogrammes un système d'écriture phonétique, et de cette manière il put reproduire tout fait ou toute idée qu'il exprimait en paroles. »

On voit donc que l'origine est absolument la même : la figure qui est devenue un son, le rébus. Ces figures peuvent être employées dans le texte idéographiquement, mais généralement ce sont des syllabes complètes qui par conséquent ont toujours une voyelle. L'alphabet sumérien où la forme des lettres est dérivée de la représentation idéographique ne contient que des syllabes, mais comme il peut y avoir des syllabes qui ne se composent que d'une ou deux voyelles, il y a des signes pour cinq voyelles brèves et deux diphthongues.

Le cunéiforme sémitique en est resté là et n'est jamais arrivé à des caractères alphabétiques, tandis que le cunéiforme persan seul est alphabétique. Toutes les autres espèces de cunéiformes sont des écritures syllabiques, ici seulement nous avons une écriture alphabétique. (1) Ainsi l'écriture cunéiforme qui, quoiqu'elle n'ait plus guère une apparence figurative, n'a point oublié son origine, est restée syllabique, se compose de syllabes et de voyelles, mais n'a pas été plus loin.

L'écriture hiéroglyphique est toujours restée figurative; elle a dû forcément commencer par des syllabes avec des voyelles indépendantes qui sont elles-mêmes des syllabes. Il est donc absolument faux de comparer l'alphabet hiéroglyphique à des alphabets amorphes tels que l'hébreu, dans lesquels un signe

____

(1) Spiegel, Die altpersischen Keilinschriften, p. 149.

qui n'a pas de sens et de valeur par lui-même, qui ne représente rien, est employé par convention pour rendre une consonne. C'est mettre en regard deux choses absolument dissem-
blables, sans compter qu'elles sont séparées par plusieurs milliers d'années. N'est-il pas bien plus rationnel de comparer entre
elles deux écritures qui ont la même origine, car l'alphabet
sumérien est parti de figures gravées qui ont perdu leur apparence, quand la ligne a fait place au coin imprimé par le style,
mais qui ont conservé leur valeur de figure, qui sont restées
des syllabes formées d'une consonne et d'une voyelle.

En Égypte, nous avons vu comment à notre sens s'étaient
formés les caractères alphabétiques. Dans les syllabes ouvertes,
les consonnes avaient perdu la voyelle qui les accompagnait,
tandis qu'elles sont restées telles quelles. Il faut toujours se reporter à l'origine, se représenter une tribu qui a un langage
parlé et qui fait des dessins, mais qui n'a pas d'écriture et qui
s'en crée une par le procédé le plus élémentaire, en se servant de
la figure pour produire un son. Le caractère alphabétique pur
était une invention en dehors de leur horizon. Certaines figures
ont fini par devenir alphabétiques, mais elles ne l'étaient pas
à l'origine ; ce n'est que par l'usage qu'elles ont revêtu ce
caractère.

L'écriture égyptienne, comme du reste celle des Sumériens
et des Assyriens, n'est qu'une approximation. C'est le premier
pas vers ce que nous exigeons de l'écriture. On n'est parvenu à
l'alphabet que graduellement, et ce n'est pas d'emblée qu'on est
arrivé à la lettre. Un alphabet tel que l'alphabet grec n'a pas
été inventé tel quel dans sa perfection ; on oublie trop facilement

4*

qu'il a fallu pour cela passer par divers degrés. Il est le résultat de progrès successifs qui l'ont amené à ce qu'il est. Nous ne pouvons pas reconnaître pour la plupart des alphabets les diverses étapes de cette marche, mais à cet égard les alphabets égyptien et assyrien sont fort instructifs. Nous voyons dans tous deux qu'on a commencé par la figure ; c'était le seul commencement possible, et la figure rappelle le son qui est produit par la consonne et la voyelle ; cette figure est devenue la syllabe. Les deux alphabets sont arrivés à cette seconde étape que les alphabets cunéiformes non persans n'ont pas dépassée. Seul l'alphabet égyptien est allé plus loin et est parvenu à un certain nombre de caractères qui, tout en étant encore figuratifs, ont cependant l'emploi de caractères alphabétiques.

Pourquoi cela ne s'est-il passé que pour un si petit nombre de figures ? La raison nous paraît être que seules ces figures étaient des syllabes ouvertes, c'est-à-dire des syllabes composées d'une consonne précédée ou suivie d'une voyelle. Nous n'avons pu retrouver ces syllabes ouvertes que pour un petit nombre de ces caractères ; cela vient peut-être de ce que ces mots avaient disparu, ils appartenaient à une phase antérieure de la langue ou du dialecte. Ce qui nous le fait croire, c'est ce qui se voit dans les langues africaines qui se parlent encore aujourd'hui et qui se composent de mots d'une syllabe qu'on joint les uns aux autres ; (1) ces mots sont formés d'une consonne et d'une voyelle. (2) Ainsi ⌡ et ⌂ ont dû être à l'origine une syllabe ouverte, c'est-à-dire un mot d'une syllabe qui nous manque

____

(1) Meinhof, Grundriß einer Lautlehre der Bantusprachen, p. 18.
(2) Bourquin et Westermann, O. L. Z. 1924, p. 545.

aujourd'hui. Nous ne connaissons pas la voyelle qui certainement devait accompagner la consonne et y être jointe avant ou après. On peut supposer, par exemple, que la lettre   se lisait à l'origine *pa* qui serait écrit   . Si dans tous ces signes alphabétiques nous ne pouvons pas fixer la voyelle, cela tient à ce qu'elle a changé par le fait de la grande mobilité dans la prononciation des voyelles suivant les lieux et les temps ; elles ont suivi la parole et ont été écrites comme elles étaient prononcées.

Chapitre VI

Les voyelles

Il y a des voyelles dans l'alphabet égyptien. Les voyelles sont 𓇋, 𓄿, ⸗, 𓏭, 𓅱. Les trois premières sont des voyelles pures, 𓏭 peut devenir une demi-consonne comme le ' hébreu, et le 𓅱 sans devenir un *v* peut être la diphthongue oϓ suivie d'une voyelle comme le *w* anglais, suivi aussi d'une voyelle.

Pour se rendre compte exactement de la nature de ces caractères, il faut toujours partir du principe fondamental : l'écriture est destinée à reproduire ce qu'on entend. Or, un groupe de consonnes sans voyelles ne s'entend pas. Peut-on admettre que ces primitifs, qui cherchaient à rendre le mieux possible le mot qu'ils venaient de prononcer, ont découvert que ce mot était formé de deux espèces de lettres et que le meilleur moyen de le rendre était d'omettre ce qui donne au mot un sens, la voyelle? Cet argument-là me paraît relever du bon sens.

Puis, si nous passons au langage parlé, le copte, nous y voyons que ces cinq lettres, sans aucune exception, sont toujours représentées par une voyelle ou une diphthongue. Il y a un système vocalique très développé en copte. Et même l'adoption de l'alphabet grec permet d'exprimer la variété des sons et les nuances mieux que les signes hiéroglyphiques.

Quand le langage parlé a un pareil système vocalique, est-il raisonnable de supposer que l'écriture, qui est destinée à reproduire ce langage, ne tient aucun compte de ce système voca-

lique comme s'il n'existait pas ? Qu'on veuille bien se souvenir
que les hommes ont commencé par le langage parlé ; l'écriture
n'en est que la forme graphique qui doit reproduire les sons,
s'y adapter le mieux possible, et qui variera avec lui. Comme
nous l'a dit Saussure, l'unique raison d'être de l'écriture est de
représenter la langue. Avant la naissance du langage classique et
d'une orthographe qui fait règle, l'homme écrit comme il entend.
Et il ne faut pas croire que ce soit là le caractère d'une civilisation encore peu avancée, dans laquelle l'éducation littéraire
manque. Encore aujourd'hui, cette manière d'écrire est largement
pratiquée parce qu'elle est naturelle, en dépit de l'école qui
cherche à limiter les procédés graphiques par lesquels un mot
est exprimé. Qu'on lise par exemple les lettres de ceux qui ne
savent pas ce qu'on nomme l'orthographe, et l'on y trouvera
les mots rendus ainsi qu'ils sonnent à l'oreille. C'est là ce qui
s'est passé dans l'antiquité, où il n'y avait pas encore une orthographe strictement réglée. Les variations que nous voyons dans
la manière d'écrire les mots ne sont pas des modifications de
la langue que l'on caractérise par de grands mots savants, ce
sont simplement des différences de prononciation. C'est celle-ci
qui s'impose à l'écriture.

Dans l'étude des voyelles, il faut d'abord, ainsi que je l'ai
soutenu à plusieurs reprises depuis plus de vingt ans, séparer
nettement le signe de la prononciation. Les sons vocaux sont
certainement variés, ils ont des nuances très nombreuses, et
aucun alphabet ne peut les reproduire d'une manière complète. On a dû en réduire la notation à un petit nombre de
signes. Ainsi que l'a dit un critique italien, parlant des langues

romanes, (1) « la vulgaire notion qui n'admet que cinq voyelles n'est vraie que dans le sens qu'il n'y a que cinq signes vocaux dans la langue littéraire ; en réalité les voyelles surgissent bien plus nombreuses à la suite de longues séries de gradations et de nuancements ».

Regardons à ce qu'il en est de nos jours dans les langues modernes, par exemple en français. Prenons une voyelle quelconque. Quand nous écrivons ce qu'on appelle un *a* nous n'écrivons pas toujours le son *ā* ; ce peut être une voyelle brève comme dans *avoir*, ou une longue comme dans *pâtre*. Associé à l'*u* dans *autre*, il sonne comme l'*o* ; avec l'*i* dans *paraître* il sonne comme l'*ê* dans *prêtre*, ou dans *j'ai* comme un *é* de même que dans *pays*. Si l'on épelle *autre*, on dira que le mot s'écrit par un *a* et un *u* = o, qui ne reproduit aucun des phonèmes qui sont propres à chacune de ces lettres. Il en est de même de chacune des voyelles en français. Si l'on prenait l'anglais, les différences seraient encore plus marquées. Ces variations dans la prononciation des voyelles se retrouvent en plus grand nombre dans le langage parlé : ainsi, suivant les mots et suivant les localités, l'*a* se rapproche beaucoup de l'*o*. C'est donc un argument tout à fait faux qui a été invoqué quelquefois, qu'on ne peut pas admettre que les voyelles égyptiennes, au lieu d'avoir un son unique, répondent à des phonèmes si divers. Il est possible qu'à l'origine chacun des caractères vocaliques ait eu une prononciation unique ; c'était l'opinion de Maspero qui l'exprime ainsi : (2)

____

(1) Paolo Bellezzano, Scientia, Janvier 1919, p. 58.
(2) Introduction à l'étude de la phonétique égyptienne, p. 82.

« L'égyptien a possédé primitivement des signes de voyelles de la nature de ceux des modernes, mais, comme son système graphique s'est de bonne heure immobilisé presque entièrement, tandis que la langue parlée poursuivait son évolution sans arrêt, la langue écrite a gardé ses habitudes avec beaucoup d'obstination, et les signes voyelles, pour des raisons que nous commençons seulement à entrevoir, ont pris historiquement des valeurs diverses qui ne semblent pas toujours se rattacher à la valeur primitive. »

Malgré l'autorité qui s'attache à tout ce qu'a écrit Maspero, il ne m'est pas possible de me ranger entièrement à son point de vue. Que des changements dans les phonèmes proviennent de l'évolution de la langue parlée, cela paraît bien evident ; mais il me semble qu'il y a à cela une autre cause : c'est la diversité de prononciation dans les divers dialectes ; une figure correspondait à un phonème différent. On le voit par le copte. Voici par exemple le mot qui s'écrivait ⟨hiéroglyphes⟩ que nous transcrivons *eou* et non *iȝw* qui est illisible, le ⟨signe⟩ ayant souvent la valeur *e* et le ⟨signe⟩ très souvent ⲱ. Nous voyons qu'à Thèbes on lisait ⲉⲟⲟⲩ, ainsi l'⟨signe⟩ est une voyelle brève. A Akhmim et dans le Fayoum, on lit ⲉⲁⲩ, l'⟨signe⟩ est un *a*, et à Memphis on laisse tomber la voyelle initiale qui devait être très brève, et on lit ⲱⲩ. Il est probable que ces différences dans la prononciation remontent très haut et il est faux de les attribuer à l'époque où apparaît le copte, c'est-à-dire au moment où l'on mit par écrit la langue populaire. C'est la prononciation qui détermine l'écriture, et il peut arriver que deux personnes travaillant au même monument et ayant à le couvrir d'inscriptions aient une orthographe différente parce que leur manière de parler n'était pas la même. Nous en avons un exemple frappant dans les textes du temple de Denderah à propos des voyelles 𓄿 et 𓇋. Pourquoi à cet égard les textes des escaliers et du toit diffèrent-ils de ceux des cryptes ? uniquement parce que les scribes ne sont pas les mêmes. S'agit-il du mot *nourrice*, l'un écrira 𓇋𓂝 et l'autre 𓄿𓂝. Ces voyelles qui servent toutes deux à écrire le nom d'Arsinoé n'étaient pas prononcées tout à fait de même par chacun des scribes. Il en était peut-être comme de notre temps en français, où une faute de prononciation fréquente est de prononcer les *a* comme des *o*.

Un texte qui nous montre clairement que l'on écrivait comme l'on prononçait, c'est le papyrus 10474 du Musée Britannique, qui vient d'être publié par Sir Wallis Budge, et qui est un traité de morale. Ce texte est remarquable par son orthographe; il ajoute souvent aux mots des lettres qu'il est impossible d'appeler des consonnes et qui ne peuvent être que des voyelles. Voici par exemple le mot qui est écrit d'ordinaire 𓉐𓄿𓏲𓏏𓏥 ou 𓉐𓄿𓂝𓇳 et qui veut dire le temps, la durée, souvent la durée de la vie. Ce mot paraît trois fois dans le papyrus où il est écrit 𓉐𓄿𓅱𓄿𓂝𓏏𓇳, 𓉐𓄿𓅱𓄿𓂝𓏏𓇳. Ainsi, à l'orthographe habituelle, il ajoute deux signes, 𓅱 et 𓄿.

D'après la transcription allemande, le mot serait allongé de deux consonnes, 𓅱 *w* et 𓄿 *ȝ*, qui devraient nécessairement être accompagnées de voyelles; ce serait au moins une syllabe en plus, et le mot serait *ȝwȝwj*; ce serait donc par ce groupe illisible que les Égyptiens écrivaient un mot que le copte a conservé sous la forme ϩⲟⲟⲩ ou ϩⲁⲟⲩ. Il est impossible de ne pas être frappé du caractère absolument artificiel de la transcription allemande ; c'est un mot composé suivant le principe de l'école, mais qui n'a jamais été prononcé. N'est-il pas bien plus naturel d'admettre que le scribe a écrit comme il prononçait ? Il y a là une trace du langage parlé qui s'est introduite dans la langue écrite ; comme cela se voit sans cesse dans le parler populaire, il a allongé ou diphthongué les voyelles, il avait une prononciation qu'on appelle de nos jours fautive, surtout en français, parce que ce n'est pas celle des gens bien élevés ; il lisait ϩⲟⲩⲟⲩ ou ϩⲁⲟⲩⲟⲩ, nous ne savons pas comment il formait les diphthongues.

De même, le mot écrit d'ordinaire [hiéroglyphes] et qui paraît bien se retrouver dans le mot copte ⲕⲟⲟⲩ, ⲕⲟⲟⲩⲉ, se trouve à plusieurs reprises sous la forme [hiéroglyphes]. L'allongement est tout à fait semblable à celui du mot que nous avons cité en premier lieu.

On pourrait trouver dans ce texte d'autres exemples de voyelles ajoutées au mot, ainsi [hiéroglyphes], on ne peut considérer ces signes comme autre chose que des voyelles qui dérivent de la prononciation. Pour rendre exactement le son du mot tel qu'on le fait entendre, il faut ou changer les voyelles, ou en ajouter une ou deux qui modifient la prononciation. A cet égard il en est de nos jours comme il en a certainement été dans l'antiquité. Qu'on prenne les lettres de gens sans éducation et qui écrivent comme ils prononcent, et l'on trouve une orthographe souvent toute différente de celle qu'on a enseignée à l'école, et qui est la règle. J'en prends le premier exemple venu : dans le midi de la France et dans certains cantons suisses, on prononce les syllabes *an, en, ain*. Si l'on suivait l'oreille, on écrirait le mot *autrement autremain*. Dans le canton de Vaud, cette prononciation est usuelle et on parle de la betterave comme étant l'*abondaince* (si l'on écrivait comme on parle, au lieu d'*abondance*).

Il faut une fois pour toutes abandonner l'idée qu'il y a un type de langue dont on puisse dire que c'est le bon égyptien, d'après lequel le langage et le document écrit doivent se régler, sous peine d'être regardés comme fautifs. Sans doute, il y a une forme de langue que l'usage fait considérer comme la bonne, mais les divergences que l'on rencontre d'avec cette forme doivent provenir du langage parlé qu'on reproduit dans l'écriture. Ainsi, un trait usuel dans la langue populaire, c'est l'allongement ou la diphthongaison des voyelles. Une voyelle, au lieu d'être simple, est double, ce qui produit une diphthongue. C'est ce qui est arrivé dans les deux mots que j'ai cités. Qu'on ne le regarde pas comme une modification qui s'est produite dans toute la langue, dans tout le pays, et dont on croit devoir fixer la date à telle ou telle dynastie, et que l'on appelle d'un mot savant. C'est simplement le fait du scribe qui nous indique de cette manière comment il prononçait et comme on le faisait peut-être dans l'endroit qu'il habitait.

Ces lettres ajoutées au mot ne peuvent être que des voyelles ; car si c'étaient des consonnes, cela impliquerait l'existence d'autres voyelles pour les accompagner, et le radical serait fortement modifié, tandis qu'il ne s'agit ici que de voyelles provenant d'une prononciation différente. On pourrait citer

mille exemples, dans les langues parlées modernes, de la diphthongaison des voyelles qui est particulièrement marquée dans
les dialectes de la Suisse alémanique. Mais sans sortir d'Égypte,
on peut citer en copte un grand nombre de mots qui, écrits
par un seul signe hiéroglyphique, en ont plusieurs et forment
de véritables diphthongues. Il y a des diphthongues dans l'écriture hiéroglyphique. Avec la transcription allemande qui ne
sort pas de l'hébreu il n'y en a pas plus que dans ce dernier
alphabet. Si on veut chercher une analogie dans les langues
sémitiques, nous prendrons comme auparavant l'assyrien cunéiforme qui part, comme l'égyptien, de la figure, et arrive aux
caractères syllabiques qui ont tous une voyelle, et comme il y
a des syllabes qui peuvent être formées d'une voyelle simple
ou d'une diphthongue, il y a des signes pour l'un et l'autre
de ces phonèmes.

En égyptien il en est de même. Il est des signes simples
qui, étant une syllabe dans la prononciation, peuvent être
diphthonguées ; ainsi l'ȣ dans le mot ȣ⌒ qui veut dire *le père*,
devait être quelque chose comme ⲉⲓⲱⲧ ou ⲓⲱⲧ. Je ne prétends
pas que la prononciation ait été tout à fait celle du copte,
mais ce devait être quelque chose d'analogue. De même ⲩ ȣ
ⲉⲓⲛⲉ quoique souvent écrit simplement ⲉⲛ.

Chacune des voyelles pouvait être diphthonguée dans la
prononciation, et c'est pourquoi on la retrouve dans le copte
qui était le langage parlé. ⲷ, souvent ⲱ, est dans ⲷ⸗
ⲓⲱⲥ ou ⲓⲏⲥ, ⲷⲩⲡ ⲉⲓⲱⲣⲉ ⲓⲟⲣ et dans les noms propres
comme Μενεκρατεία où ⲷ correspond à ⲉⲓ. ⲷ⸗ⲗ qui est
souvent une voyelle longue comme l'η ou l'ω, est aussi diph-

thongué en ⲉⲓ, ⲉⲓⲙⲉ ▱, ⲡⲱⲱⲛⲉ ⲡⲟⲧⲛⲉ ▱, ⲟⲧⲱⲙ ▱ ⲓⲓ, et souvent la simple voyelle *i* devient la diphthongue ⲉⲓ qui, il est vrai, était quelquefois prononcée ⲓ, ainsi, ⲓⲓ 𓅬, ⲉⲓⲱ, *laver*.

𓅬 est très souvent une voyelle brève comme l'allemand *u* dans *um* ou dans le français *ouvrir*. Ce son *ou* est souvent rendu en copte par ⲟⲧ, comme en français où il n'y a pas de caractère ayant le son *ou*. Avec une autre voyelle il forme des diphthongues 𓅬 ⲟⲧⲱϣ̄ et quantité d'autres.

Il y a aussi des diphthongues formées de deux ou plusieurs lettres qui produisent un phonème unique; ainsi il paraît évident que les deux lettres ⲓ 𓅬 qui représentent ‎א dans le mot לא, devaient se prononcer *η*. En revanche, dans d'autres mots, les deux voyelles devaient se prononcer séparément, ainsi dans le mot ⲓ 𓅬 ▱ le copte ⲉⲓⲱⲧⲉ, ⲓⲱϯ semble indiquer que chacune des voyelles avait conservé toute sa valeur. Il y aurait encore d'autres diphthongues à reconnaître formés de cette manière, par la jonction de deux ou plusieurs voyelles.

Je ne prétends nullement, par ces exemples, fixer la prononciation des mots égyptiens. Le copte nous indique ce qu'elle était à l'époque de l'ère chrétienne; elle variait suivant les dialectes et elle était peut-être assez différente quand l'écriture a été inventée à une époque très reculée. La langue parlée a subi des modifications, tandis que les caractères sont restés immuables; ils ne pouvaient pas changer puisque c'étaient des figures. Un lièvre représentait la syllabe ⲟⲧⲏ. Cette syllabe pouvait se lire ⲟⲧⲱⲛ, ⲟⲧⲉⲛ, ⲟⲛ, suivant les époques et suivant les lieux, mais comment indiquer des différences sur le signe? Il ne pouvait pas se conformer aux nuances de la prononciation dans le langage. Il restait un lièvre, il ne pouvait pas changer son apparence.

Cela nous montre toujours mieux qu'il est nécessaire de séparer le signe voyelle de sa prononciation qui peut varier considérablement. Aussi, dans la transcription dont nous nous servons, faut-il renoncer à reproduire le son du signe. La transcription est quelque chose de conventionnel pour les voyelles, qui sont des signes à prononciation variable, tandis que les consonnes sont fixes. Il en est de même dans les langues modernes. Quand nous épelons l'alphabet français, nous disons que c'est *a, b, c, d, e*. Or, quand nous parlons de la lettre *a*, nous ne prétendons pas que cette lettre ait toujours le son *a*, elle peut en avoir d'autres. Il est inutile de revenir là-dessus. Certainement, quand nous nommons l'*a* ou l'*e* nous ne prétendons pas en indiquer la prononciation. Si nous passons à l'anglais, nous voyons que ces mêmes signes ont des noms différents. *A* s'appelle ce que nous écrivons par *ē* ; *e* par *i* ; toutes les voyelles sauf l'*o* sonnent tout différemment du français, quoique les signes soient les mêmes.

Ainsi, quand nous transcrivons 𓄿 par *a*, 𓇋 par *à* et 𓂝 par *ā* suivant la transcription ancienne, nous ne commettons pas une erreur plus forte que lorsque nous disons qu'un mot français commence par *a*, puisque, s'il s'agit du mot *autre*, cela n'implique pas la prononciation *a*. La transcription signifie que le mot commence par une voyelle et non par un signe *ȝ* ou *ʿ* qui n'a pas de prononciation.

Remarquons aussi que quand nous nommons les consonnes, nous ajoutons toujours une voyelle avant ou après, nous les nommons toujours par une syllabe ouverte. La voyelle est nécessaire pour que la consonne puisse être entendue.

La question des voyelles a arrêté les premiers savants comme Akerblad et Young qui se sont occupés de déchiffrement. Ce n'a pas été le cas pour Champollion, qui a reconnu que les anciens Égyptiens très souvent n'écrivaient dans les mots que les consonnes et les voyelles longues, qu'ils omettaient volontiers les brèves et que les signes voyelles de l'alphabet hiéroglyphique étaient employés d'une manière assez confuse. Mais jamais il n'a admis ce qui paraît être la pierre angulaire de l'égyptologie allemande, qu'il n'y a pas de voyelles dans l'écriture hiéroglyphique. Il constate que le son des voyelles n'a pas de fixité et que les voyelles médiales sont souvent omises. De là à soutenir que les voyelles n'existent pas dans l'écriture, il y a loin, et Champollion, qui avait commencé par déchiffrer les noms propres, n'y serait jamais parvenu s'il n'avait vu dans toutes les lettres que des consonnes.

Nous verrons que ce qui nous arrête souvent dans l'emploi des voyelles provient de ce que les Égyptiens ne sont pas arrivés dans l'écriture, pas plus que dans le dessin, à ces règles qui nous paraissent élémentaires dans un alphabet. Il faut toujours se rappeler que l'écriture hiéroglyphique est un premier essai, un début, et qu'on n'a pas conçu d'emblée un alphabet composé de lettres devant s'écrire dans un ordre fixe qu'il n'était pas possible d'enfreindre, et que dans un mot aucun caractère ne devait être omis. Ces progrès, auxquels l'alphabet grec est arrivé, étaient inconnus aux anciens Égyptiens.

Chapitre VII

Les transcriptions en langues étrangères

Les transcriptions, dit encore M. Sethe, du babylonien, de l'hébreu, de l'assyrien, de l'araméen et du grec, sont une sorte de correctif à celles que nous fournit le copte.

Ce point de vue de M. Sethe nous semble aussi peu justifié que le précédent, et nous devrons reconnaître que la valeur de la plupart des transcriptions étrangères est presque nulle, et même souvent de nature à nous conduire à de graves erreurs.

Les transcriptions ne se font pas autrement que par l'oreille. On rend le mieux possible ce qu'on entend avec les caractères de sa langue et en y introduisant, quand on peut, des sons qui vous sont familiers. Ces transcriptions, évidemment, ne peuvent se faire qu'autant que la langue étrangère possède les caractères de l'idiome qu'il s'agit de transcrire, sinon la prononciation du mot sera toute différente. Ainsi le *th* anglais n'existe ni en français ni en allemand. On ne pourra donc donner à cette lettre la prononciation correcte que si l'on sait l'anglais, autrement le Français y verra un *t* et lira l'article *the té*, et un Allemand *sé* ou *zé*.

Ces transcriptions portent surtout sur des noms propres. Il en était dans l'antiquité comme de nos jours, chaque peuple prononçait les noms étrangers à sa manière. Ma ville natale s'appelle Genève ; César la nomme Genava, les Italiens Ginevra, les Allemands Genf. Aucune de ces transcriptions ne reproduit la prononciation correcte *Genève* ; l'allemand et l'italien donnent au nom une forme analogue à celle qu'il aurait dans leur langue et qui s'éloigne beaucoup de l'original. De même, *München* est en français *Munich*, en anglais *Miounich*, en italien *Monaco*. Si l'on voulait, à propos de ce nom, déterminer la valeur des lettres comme on le fait habituellement pour les langues anciennes, on conclurait que dans *München* le *ch* qui n'existe qu'en allemand, a le son *k*, et qu'on n'a pas écrit la voyelle entre l'*n* et le *ch*, laquelle existe dans toutes les formes que ce nom a dans les langues étrangères. Les transcriptions ont très souvent été une cause d'erreur, parce qu'on veut les considérer comme obéissant à des règles fixées par la philologie, et comme faites d'après un texte écrit. Or, dans la grande majorité de ces cas, c'est l'oreille qui les détermine. On rend tant bien que mal ce qu'on entend, avec les caractères qu'on a dans sa langue, on n'en invente pas de nouveaux. Puis il y a ce qu'on nomme l'étymologie populaire, c'est-à-dire le fait de donner au mot étranger un sens qu'il n'a nullement, parce qu'il a un son qui se rapproche d'un mot familier ou d'un nom propre bien connu. Ce son familier ne se retrouve peut-être, que dans une partie du mot, le reste n'étant pas compris. Les exemples abondent dans les langues modernes, aussi bien pour les noms communs que pour les noms propres. (1)

Ainsi, commençant par ceux-ci, nous voyons que très souvent en grec deux villes ont le même nom parce que celui de la ville étrangère rappelait par l'assonance celui d'une des leurs

____

(1) Voir Saussure, l. c., p. 244.

dont le nom leur était familier. En Égypte, la ville d'Osiris s'appelait *Abud* ; cela a suffi pour que les Grecs l'appelassent *Abydos* dont le nom sonne à peu près de même ; quoique la ville de la Moyenne Égypte n'eût rien à faire avec la ville grecque de l'Hellespont.

Nous n'avons pas encore retrouvé le mot égyptien désignant la grande ville d'Amon dont les Grecs ont fait Θηβαι, Thèbes, un nom qu'ils ont donné non seulement à la capitale de la Béotie, mais à bien des villes situées dans d'autres pays, la forme grecque du nom même ne nous indique rien quant à la prononciation de la forme égyptienne. (1)

Il y a lieu de remarquer que dans les transcriptions grecques on ne cherche nullement à rendre exactement le nom égyptien, mais à former un mot qui représente approximativement le nom étranger, et qui ait une forme grecque, ne soit composé que de lettres grecques et ait un son familier aux oreilles helléniques. C'est pour cela que quand les noms géographiques ne sont pas des traductions comme Héliopolis, Hermopolis, on ajoute aux noms égyptiens une terminaison grecque ; Tanis, Bubastis, Athribis.

Regardons ce qui se passe de nos jours. Un Arabe se présente devant un employé français de la douane ou de la police et décline ses noms ; s'il s'appelle Soliman ou Selim, ce nom

---

(1) Malgré Chabas et Le Page Renouf, je crois encore que le mot égyptien qui se rapproche le plus de Θηβαι est [hiéroglyphes], *Apetu*, auquel les Grecs ont ajouté un *θ*. Ce nom, comme Θηβαι, est un pluriel, c'est celui du sanctuaire d'Amon à Thèbes. Brugsch, Dict. Géogr., p. 19, 360, 565.

sera facile à inscrire ; mais si c'est Mohammed ou Achmed, ces deux gutturales n'existant pas en français seront remplacées là par un *h* qui ne s'entend pas à la prononciation, et ici par un *k*. Si c'est en allemand, les difficultés seront aussi grandes suivant ce que sera le nom. L'employé rendra de son mieux ce qu'il entend, mais il n'ira pas consulter les règles de la philologie.

Il devait en être de même dans l'antiquité, et cet arbitraire dans la reproduction des noms étrangers devait être d'autant plus marquée que l'écriture était beaucoup moins répandue. Un Palestinien disait un nom à un Égyptien qui ne l'écrivait pas, et qui le répétait à un autre comme il l'avait entendu. Ce nom aura été écrit plus tard, après avoir peut-être subi plusieurs déformations en passant par plusieurs bouches.

Je le répète, dans l'antiquité il ne peut pas en avoir été autrement que de nos jours, surtout puisque l'écriture jouait un beaucoup moins grand rôle qu'aujourd'hui, où cependant nous voyons que l'assonance ou l'étymologie populaire se retrouvent dans mille exemples dont il suffit de citer un ou deux. Ainsi la garde du lord-maire s'appelle *beefeaters*, les mangeurs de bœuf, une corruption du mot français *buffetier*, auquel on ne pouvait trouver aucun sens en anglais. De même, le château d'un grand seigneur anglais s'appelle *Belvoir* Castle. Belvoir est un mot français qui ne rappelle rien en anglais ; aussi on le prononce *Beaver Castle*, le château du castor, et c'est ainsi qu'on l'écrirait si l'on se réglait d'après la prononciation. De même, en français ; nous disons le *chancelier de l'Échiquier*, quoique le mot anglais *Exchequer* n'ait rien à faire avec le jeu d'échecs. D'autres fois, le mot étranger a été adopté avec son sens, en modifiant légèrement la forme, en le francisant : nous disons une *redingote*, un mot qui est tout à fait intronisé dans la langue française, et qui n'est autre que l'anglais *riding coat*.

Si nous passons à l'allemand, nous n'avons que l'embarras du choix dans la toponymie ou dans les noms de famille des pays-frontière qui sont sur les confins des deux langues, comme le canton de Fribourg, où l'on voit par exemple que le bourg qui s'appelle en allemand Rupertswyl est en français Villarepos, où la question de l'assonance est manifeste. Mais où cela est le plus frappant, c'est dans les noms communs où il est évident que c'est l'ouïe qui a déterminé le son du mot. En français, nous disons *choucroûte* pour quelque chose qui sans doute est d'invention allemande et qui veut dire *chou fermenté*. L'allemand d'où dérive le mot français est *Sauerkraut*, qui définit exactement ce que c'est, *herbe, légume fermenté*. En le mettant en français, on ne s'est nullement inquiété du sens des deux parties du mot ; *sauer* rappelant de loin *chou* qui est le principal légume employé, on a fait du mot *sauer* (fermenté) *chou*. *Kraut*, qui veut dire *herbe, légume*, ressemble à *croûte*, une tranche de la partie du pain durcie par la cuisson, laquelle n'existe pas dans la choucroûte. Personne ne se trompe sur ce que le mot français veut dire, mais si l'on en fait l'analyse, on trouve que le composé n'a point de sens et ne conduit pas du tout à celui qu'a le mot entier. De même, en allemand, *Dromedarius* est devenu *Trampeltier*, l'animal qui piétine.

On appelle un *vasistas* une sorte de guichet s'ouvrant à volonté pour voir ce qui se passe. C'est simplement l'expression allemande *was ist das ?* qu y at-il ? et si l'on voulait chercher dans le français l'étymologie du mot, on n'arriverait à rien. Nous avons là des influences du parler populaire sur la langue; l'introduction de mots nouveaux, ou des transcriptions déterminées uniquement par la prononciation. Il est certain qu'il a dû en être de même dans les langues anciennes : par conséquent, bien loin de considérer avec M. Sethe les transcriptions étrangères comme des correctifs à celles que nous tirons du copte, je les regarde comme un moyen tout à fait fallacieux et incertain de reconnaître le prononciation exacte d'un mot égyptien.

Chapitre VIII

L'acrophonie

Nous avons vu comment les Égyptiens avaient passé de la syllabe ouverte au **caractère alphabétique**, mais il existe un grand nombre de caractères qui jouent le rôle de caractères alphabétiques et qui proviennent, non pas de syllabes ouvertes, mais de syllabes fermées ou de mots à deux syllabes. Ces caractères sont presque toujours initiaux.

Comment est-on arrivé à la formation de ces caractères ? Il me semble qu'il y a une seule explication possible : c'est l'acrophonie. La première lettre d'un **mot** est devenue un caractère alphabétique. C'est là une opinion que Champollion avait admise et qu'il a exprimée ainsi : (1) « Le principe fondamental de la méthode phonétique consiste à représenter une voix ou une articulation par l'imitation d'un objet physique dont le nom en langue égyptienne parlée avait pour initiale la voix ou l'articulation qu'il s'agissait de noter ; ainsi l'𓅃 serait la première lettre d'ⲁϧⲱⲙ un aigle, 𓅓 ⲙⲟⲩⲗⲁⲧ une chouette, ⲟ un œuf ⲥⲟⲟⲩϧⲉ et ainsi pour une douzaine d'exemples. »

Rougé (2) cite Champollion et ajoute que « ce principe probable en lui-même ne peut pas être démontré par nous aujourd'hui pour une grande partie de l'alphabet, par suite probablement de la perte de beaucoup de mots antiques ».

----

(1) Grammaire n° 55.
(2) Chrestomathie Égyptienne, p. 16.

M. Golenischeff, en montrant l'origine des caractères alphabétiques qui proviennent de syllabes ouvertes, attaque Champollion et le principe de l'acrophonie qu'il a soutenu. Il est
certain que Champollion a fait erreur en donnant l'acrophonie
comme l'origine de toutes les lettres alphabétiques ; il n'a pas
reconnu que bon nombre d'entre elles proviennent de syllabes
ouvertes dans lesquelles la prononciation a laissé tomber la
voyelle. D'un autre côté, M. Golenischeff me paraît aller trop
loin en rejetant complètement l'acrophonie, et en ne voulant
pas l'admettre pour les mots à plusieurs consonnes dans lesquelles
l'un des signes, en général le signe initial, joue momentanément
le rôle de caractère alphabétique. S'il n'en était pas ainsi, on
ne comprendrait pas l'usage des compléments phonétiques et
la nécessité de leur emploi.

Examinons la nature de ces caractères dans les plus anciens
textes littéraires qui nous aient été conservés, ceux qui re-
couvrent les murs des chambres des pyramides. (1)

Voici par exemple le mot ☥ qu'on trouve très fréquemment
écrit ☥ ⌇. Ces deux graphies se lisent de même. ☥ est le
signe figuratif qui se lit *ankh*. C'est le nom de l'objet qu'il
représente et qui est probablement un miroir. Ce nom a le
même son que le mot ⌇ *vie*, et sonnant en copte, suivant
les dialectes et les époques, ⲁⲛϩ ⲁⲛⲁϩ ⲱⲛϩ. Dans le groupe
☥ ⌇, le premier signe qui à l'occasion peut être idéographique et remplacer le mot tout entier, n'est plus que la

----

(1) Je cite toujours les textes des pyramides d'après les numéros en
marge de l'édition de M. Sethe, et les lettres qui indiquent le roi auquel
appartient la pyramide.

voyelle ⸺. Il est devenu par acrophonie le signe alphabétique
⸺. S'il avait conservé sa valeur idéographique, à quoi ser-
viraient les signes complémentaires ⸺? On pourrait citer un
nombre considérable de mots semblables. Je me bornerai à
deux ou trois tirés aussi des textes des Pyramides. Le signe
⸺ qui veut dire *un dieu* ou l'adjectif *divin*, dans la majorité
des cas, est idéographique et rien n'en indique la prononciation.
Une fois (603) nous le trouvons écrit ⸺, où le signe ⸺
étant un déterminatif, sa prononciation est indiquée en signes
phonétiques. Dans un autre passage, un autre texte lit ⸺,
où l'⸺ qui dans bien des cas est une voyelle, a été supprimé. Le copte ⲚⲞⲨⲦⲈ n'a jamais d'⸺ finale. Ailleurs c'est
⸺ où ⸺ est simplement un ⸺ ou ⸺⸺, où ⸺ est ⸺ la
syllabe fermée initiale, car il y avait sans doute une voyelle
entre ⸺ et ⸺, probablement ⸺. ⸺ avait conservé sa voyelle
⸺. Il est important de noter que l'orthographe ⸺ nous
indique que dans ce cas ⸺ est une consonne qui est suivie
d'une voyelle ; ainsi nous avons ⸺ (2034)
c'est la forme adjective et ⸺ qui est la même
forme adjective et où ⸺ doit être lu ⸺, le pluriel de
l'adjectif sera ⸺ (1024). ⸺ est une consonne toutes les
fois qu'il y a à ajouter au mot la voyelle ⸺ qui caractérise
la forme adjective, ou le ⸺ du pluriel. Ainsi nous voyons
que le signe ⸺ peut être employé comme idéographique ou par
l'acrophonie être la syllabe initiale fermée ⸺ ou la consonne
⸺, une lettre alphabétique. Il en est absolument de même
du mot ⸺ qui est aussi un signe idéographique qui se lit *nofer*,

mais qui très fréquemment est écrit avec ses compléments phonétiques [signes]. Dans le même texte vous pouvez avoir, suivant les versions, N écrivant [signe], tandis que P et M pour le même mot ont [signes] où [signe] n'est pas autre chose que 〰 avec sa voyelle 〰 [signe] (820). Ce qui prouve bien que dans le mot [signes] le signe [signe] n'est qu'un *n*, ce sont des graphies comme celles-ci : [signes] écrit aussi [signes], où il est évident que le [signe] n'est qu'un *m*. (1) Ailleurs c'est P (919) qui écrit [signe] et N [signes]. Nous avons [signes] et [signes] avec la finale [signe] qui doit se lire *rit* et qui est ou un féminin ou un pluriel. De même nous avons pour le même mot [signes] et [signes] (1450). Dans ces exemples nous avons le signe [signe] employé comme signe idéographique, puis en vertu de l'acrophonie devenant la syllabe fermée *nof* ou le caractère alphabétique *n*, la syllabe *nu*.

On pourrait citer un grand nombre d'autres mots des textes des Pyramides qui ont aussi un triple emploi. J'en ajouterai un seul, [signes] qui veut dire *rajeunir*, et aussi *offrandes, fruits,* et qui peut être écrit [signes], dans lequel le signe [signe] est la syllabe 〰. En revanche nous trouvons fréquemment l'orthographe [signes] où le signe pourrait être considéré comme étant un *p*. Ce ne serait pas alors de l'acrophonie, ce serait au contraire le déterminatif qui indiquerait la prononciation complète du mot. Nous verrons plus bas que le signe figure sert aussi de déterminatif.

---

(1) Tombeau de Senebtisi, p. 105. Jequier, Les Frises d'Objets, p. 200.

Mais revenons à l'acrophonie et quittons les textes des Pyramides pour d'autres plus récents, comme par exemple ceux du Livre des Morts. Voici un signe syllabique sur lequel on a beaucoup discuté, le signe ⌷, la syllabe fermée *men* et qui me semble évidemment être devenue le caractère alphabétique *m*. Comment expliquer autrement que, sauf de très rares exceptions, ce signe soit toujours suivi de son complément ⌷ ? Qu'on consulte tous les exemples dans les textes des Pyramides, on trouve la syllabe ⌷ écrite au complet, le signe figuratif avec son complément phonétique. Plus tard nous voyons les noms d'Amon et Menthu écrits toujours ⌷ et ⌷, le signe ⌇ ne manque jamais dans les composés de ces noms comme Aménophis, Amenemhet ou Mentuhotep. On ne peut guère citer ⌷ employé seul, représentant la syllabe *men*, que dans quelques cartouches royaux, tels ceux de Thoutmès III ⌷, de Ramsès I ⌷ ou de Séti I ⌷ encore chacun d'eux peut se rencontrer avec la lettre ⌇. Le nom de Ménès est toujours écrit ⌷ et la ville qu'il fonda ⌷ Memphis. On peut dire que, sauf un petit nombre d'exceptions, le signe ⌷ est toujours accompagné de son signe complémentaire ⌇.

Le signe ⌷ qui doit se lire *mos* dans les textes des Pyramides est ordinairement écrit tout seul ; exceptionnellement il est accompagné de son complément ⌷, ⌷ (883, 1463, 1688). Une fois (1466) nous le trouvons comme déterminatif ⌷, ce qui nous donne sa lecture phonétique. Mais plus tard dans la grande majorité des mots le signe a son complément, même dans les cartouches de Ramsès.

Qu'on regarde dans un dictionnaire la quantité de signes qui sont écrits avec leurs compléments phonétiques et qui alors ne jouent le rôle que de caractères alphabétiques. Il suffit d'en citer quelques exemples ⌒⌒ *meh* très souvent accompagné de son complément phonétique ⌇, ⌒ *noub*, est écrit ⌗, ⊙ la face, suivi de ⌒, ⌗⌗, ⌒⌒ ⌗. D'autres mots ont des signes supplémentaires ; nous avons cité ⌐ et ⌇. Un autre, très fréquent, c'est ⌗, etc.

Dans ces exemples, l'acrophonie ne porte que sur le caractère initial, mais dans d'autres le signe représente une syllabe, ⌗ ⌒ *khoper*, ⌇ ⌗ *nétem*.

Mais là où l'acrophonie est la plus frappante, c'est dans les noms des empereurs romains. Ces noms en latin étaient tous écrits en caractères alphabétiques. On ne pouvait pas les rendre par des caractères syllabiques dont l'emploi aurait nécessité des déterminatifs. Il fallait donc avoir des caractères alphabétiques en suffisance pour rendre tous ces noms. Pour y arriver, on n'a pas employé une méthode nouvelle, les scribes de l'empire romain ont eu recours au même procédé que leurs prédécesseurs plusieurs milliers d'années auparavant : l'acrophonie. Une figure dont le nom est une syllabe ouverte ou fermée ne sert qu'à représenter l'articulation initiale de son nom, ainsi le bélier qui se lit ⌒ n'est plus qu'un ⌐, la première lettre de la syllabe. Dans le cartouche de Domitien, il en est la lettre finale. L's peut être écrit dans le même cartouche ⌗ et ⌗, fréquemment c'est un ✶, la première lettre du mot ⌗, et quelquefois ⌗, la première lettre ⌗ du verbe ⌗ ou

⸮. (1) On pourrait citer d'autres caractères alphabétiques formés de cette manière. Il est certain que l'acrophonie est un procédé qui paraît enfantin, mais il faut toujours se reporter à l'origine, se rappeler que les hiéroglyphes sont le premier essai d'écriture. Auparavant il n'y avait que le dessin, la figure ; il n'y avait pas de lettres et il s'agissait d'inventer quelque chose qui permît de décomposer la figure en ses éléments et de trouver des signes qui, rapprochés, joints ensemble, reproduiraient le son de cette figure. C'est alors qu'on a découvert que ces éléments étaient au nombre de deux, l'élément dont le son était fixe, les consonnes, et celui dont le son était variable, les voyelles. Or il paraît évident que le moyen le plus simple, ce n'était pas d'inventer un alphabet composé de signes amorphes qui par convention auraient une certaine valeur. Il était naturel de faire une lettre du phonème par lequel commençait le mot, si ce phonème n'était pas une syllabe ouverte. Ainsi, le nom de l'eau était primitivement ⸺ *nu*. Donc l'⸺ avait la valeur ⸺. S'il s'agissait d'écrire le mot *dieu* ⸽ en lettres, ce mot commençant par ⸺ devrait avoir ⸺ comme signe initial, ou bien le signe ⸽ prendra cette valeur au commencement du mot lorsqu'il est écrit ⸽⸻.

Les cartouches romains, où ce procédé est aisément reconnaissable, nous montrent ce qu'il en a été au début de l'écriture.

____

(1) Il n'est pas toujours facile de reconnaître de quel mot provient un signe employé comme alphabétique dans l'un de ces cartouches, ainsi ⸽ la tête de bélier, qui est la lettre ⸺ dans le nom de Trajan. Je crois que cette lettre ⸺ provient du nom du dieu ⸺ ⸽ qui est une forme de SU (Rec. 27, p. 87. C 52).

Car les scribes de l'époque romaine n'ont rien innové. Ils se sont bornés à reprendre le procédé primitif et à multiplier le nombre des **caractères alphabétiques** par l'acrophonie. Ce qui les a poussés à le faire, c'est dans doute un but esthétique. Ils ne voulaient pas de la monotonie sans la forme des cartouches, et ils préféraient y mettre des signes qui eussent un caractère plus décoratif, comme le 𓏏 au lieu du simple 𓂝.

Parmi les signes alphabétiques d'un usage courant, il en est qui me paraissent provenir de l'acrophonie, ainsi la voyelle 𓄿 qui est le plus souvent un *a* ou un *o*. Nous n'avons pas trouvé quel est exactement le nom de cette espèce d'oiseau. Champollion considérait l'𓄿 comme étant la première lettre du mot ⲁϧⲱⲙ qui veut dire *un aigle*, mais, et c'est là un des principaux arguments de M. Golenischeff contre l'acrophonie, c'est qu'on ne trouvait pas en hiéroglyphes de mot commençant par 𓄿 et qui répondît à ⲁϧⲱⲙ, à cette espèce particulière d'oiseaux; mais il y a un mot qui veut dire *volatile* même *insecte*, et qui est déterminé par différentes espèces d'oiseaux, c'est le mot 𓄿𓂋, 𓅮, habituellement le déterminatif en est une oie, (1) mais il n'y a aucun doute que le mot veut dire oiseau en général. Il se retrouve dans le copte ⲱⲃⲧ où l'𓄿 est un ⲱ, tandis qu'il est un ⲁ dans d'autres mots coptes. (2)

---

(1) L'oie est le déterminatif de ce qui vole en général, même de la sauterelle 𓅮 𓈗 𓐍 𓅮. Inscr. de Menephtah. Rougé, Inscr. Hiér., pl. 197, 73.

(2) M. Sethe, Der Ursprung des Alphabets, p. 151, croit trouver un mot signifiant un aigle ou un vautour dans deux textes des Pyramides. Dans le premier (1303) Maspero fait remarquer qu'il devrait y avoir un épervier. Il ne traduit pas le second passage (1729) où M. Speleers voit une interjection. O.

Quant à l' ⟦chouette⟧ la chouette, il est difficile d'indiquer comment elle est arrivée à représenter la lettre *m*. A la suite de Champollion et de Lepsius (1) j'ai dit sans l'affirmer qu'il était probable que c'était la première lettre du mot copte ⲙⲟⲩⲗⲁⲩ qui veut dire *une chouette*, mais que ce mot n'avait pas été retrouvé en égyptien. M. Sethe partage aussi cette idée, mais il croit le mot composé de ⲙⲟⲩ et de ⲗⲁⲩ, ce serait ⲙⲟⲩ qui signifierait la chouette, et ⲗⲁⲩⲓ, d'après M. Spiegelberg, voudrait dire *impudence*. On ne voit guère ce que ce mot a à faire dans le nom de la chouette. (2) Mais M. Spiegelberg a découvert le mot hiéroglyphique ⟦hiéroglyphes⟧ qui serait le copte ⲙⲟⲩⲗⲁⲩ. L'acrophonie serait ici en défaut, car l' ⟦chouette⟧ dans le nom de la chouette serait précédé d'un ⟦épervier⟧. Il faut donc abandonner cette explication du rôle alphabétique de la chouette.

Ainsi il nous paraît évident que l'acrophonie a servi à la formation de caractères alphabétiques ; chez quelques-uns ce caractère était permanent comme pour l' ⟦épervier⟧ ; chez d'autres il n'était que temporaire et occasionnel, le même caractère pouvant être idéographique ou être une syllabe initiale ou une lettre initiale, qui devait être accompagnée de son complément. Je le répète, il s'agit surtout de signes initiaux et de caractères provenant d'une syllabe fermée qui avait au moins deux consonnes, car, pour ceux qui provenaient d'une syllabe ouverte, la chute de la voyelle initiale ou finale suffisait pour créer le caractère alphabétique.

----

(1) Evolution de la langue égyptienne, p. 8.

(2) Spiegelberg, Koptisches Handwörterbuch, p. 54, 55.

Il est certain cependant que plusieurs signes initiaux qui étaient devenus alphabétique par l'acrophonie ont conservé cette valeur dans l'intérieur d'un mot. En voici quelques-uns. Il est probable qu'une recherche attentive en révèlerait d'autres. [hiéroglyphe] qui comme signe initial a la valeur *m* conserve cette valeur dans l'intérieur du mot. Dans les textes des Pyramides nous trouvons [hiéroglyphes], une variante de [hiéroglyphes] (306), cependant il est suivi d'un [hiéroglyphes] qui est son caractère complémentaire.

De même [hiéroglyphe] dont la valeur est [hiéroglyphes] peut n'être qu'un [hiéroglyphe] dans le nom de [hiéroglyphes]. Le signe [hiéroglyphe] est polyphone, l'une de ses lectures est [hiéroglyphes]. Il pourra être employé pour un [hiéroglyphe] dans le verbe [hiéroglyphe] *voir*. (1) Le signe [hiéroglyphe] qui comme signe initial a la valeur [hiéroglyphe] a la même valeur dans le mot [hiéroglyphes] écrit ailleurs dans le même texte [hiéroglyphes] et dans les Pyramides [hiéroglyphes]. On trouve aussi [hiéroglyphes] ou la face qui se lit [hiéroglyphes] tient la place d'un [hiéroglyphe]. C'est surtout dans les inscriptions de basse époque ptolémaïques ou romaines qu'on trouverait ce genre de lettres. On sait qu'avec le temps les Égyptiens n'ont pas su réaliser ce caractère fondamental d'un alphabet : que le nombre des lettres est limité. Il faut toujours se rappeler qu'on n'a pas su d'emblée constituer un alphabet parfait comme l'alphabet grec ; il y a encore des tâtonnements, des hésitations. Comment rendre un mot parlé par le dessin, c'est la question telle qu'elle se posait aux primitifs. Le mot écriture leur était inconnu, ce n'est que par degrés qu'ils ont pu s'en rendre

____

(1) Bergmann, Sarc. Inschr. aus der Ptolemäerzeit, p. 17 et 30.

compte, lorsque pour la première fois ils ont employé la figure pour rendre un son, sans tenir compte de ce que représentait la figure. C'est alors seulement qu'ils ont réalisé la différence qui existe entre écrire et dessiner. Ils ont approché de la création d'un alphabet, mais nous avons vu qu'ils n'en avaient pas reconnu plusieurs des **caractères fondamentaux**.

A celui que nous avons signalé plus haut, nous devons ajouter celui-ci : ils n'ont pas reconnu que la représentation d'un mot suppose l'emploi exclusif de certains caractères ; un mot ne peut pas être écrit de différentes manières. Il doit avoir une seule forme. Or que voyons-nous ? Un mot peut être écrit par un signe idéographique, ou ce signe peut avoir ses compléments alphabétiques. Il peut être écrit phonétiquement avec un déterminatif, ou le déterminatif peut être omis et le mot être écrit avec des lettres alphabétiques pures. On conviendra que cela diffère singulièrement de ce que nous appelons l'orthographe, définie par Littré : « manière d'écrire correctement les mots d'une langue. » Qu'est-ce, pour ces primitifs, que la manière correcte d'écrire leur langue ? quelle règle a fixé cette correction ? puisque jusque là il n'y avait point d'écriture ? Ces différentes orthographes d'un même mot, souvent dans un même texte ou dans une même phrase, sont la preuve que l'écriture est encore dans la période de l'enfance. Les Égyptiens, même aux époques grecque et romaine, n'en sont jamais sortis.

A quoi servent les compléments phonétiques placés à la suite d'un caractère qui a une valeur idéographique ? Il me semble que c'est là un de ces procédés rudimentaires,

Naville. 6

ce qu'on appelle familièrement un guide-âne destiné à faciliter la lecture d'un mot et à montrer quelle doit en être la prononciation. Le premier caractère est une figure qui peut se lire de différentes manières, et le lecteur peut avoir quelque hésitation sur la prononciation exacte du mot ; ces caractères lui viennent en aide, puisqu'il n'y a pas encore les règles fixes dans les caractères qui servent à écrire un mot et dans l'ordre qu'ils doivent suivre.

Chapitre IX

Le déterminatif

Plus encore que les compléments phonétiques, ce qui doit aider la lecture, c'est le déterminatif, un signe muet qui ne joue un rôle que dans l'écriture, et qui ressemble quelque peu à ce qu'est la clef dans une portée de musique, indiquant dans quel ton l'air se fait entendre. C'est un signe auxiliaire qui sert avant tout d'indication phonétique.

Reportons-nous toujours à l'origine, au dessin, et voyons comment ils s'accordent mutuellement, et comment écriture et dessin se sont développés et s'appuient l'un l'autre. Je prends pour cela une quelconque des représentations qui ornent les murs des tombeaux de l'Ancien Empire, celui de Ti. (1) Sur cette planche, on voit deux rangées de personnes qui dansent. A l'entrée de chacune de ces rangées, on voit ces mots : *la danse des danseuses*, et devant chaque danseuse ce mot *la danse* ou *elle danse*. On se demande à quoi servent ces explications, car la simple vue du dessin indique de quoi il s'agit. C'est peut-être une danse cultuelle qui portait ce nom. L'inscription nous apprend comment cet acte s'écrit. Le mot a un déterminatif, un pion d'échiquier, qui n'a absolument aucun rapport avec le sens du mot. C'est une indication phonétique, la syllabe a plusieurs sens qui diffèrent probablement par la prononciation de la voyelle; avec

---

(1) Steindorff, pl. 60.

6*

un veau comme déterminatif ou un homme portant la main à la bouche, cela veut dire avoir *soif*, en copte eiße. Le déterminatif nous apprend comment le mot devait être prononcé.

L'emploi habituel du déterminatif, c'est d'indiquer le sens du groupe phonétique qu'il suit, d'en donner l'explication, et cela se rattache à l'origine de l'écriture. Celui des anciens qui nous paraît avoir le mieux compris comment l'écriture était née, c'est Tacite. « Les Égyptiens, nous dit-il, surent les premiers représenter la pensée (**sensus mentis**) avec des figures d'animaux, et les premiers monuments de l'esprit humain sont gravés sur des rochers. (1) Ils s'attribuent aussi l'invention des lettres. » Ainsi l'historien romain affirme ce que nous avons constaté pour tous les primitifs : c'est que les Égyptiens ont commencé par le dessin. De là ils ont passé à la figure phonétique, de la figure aux caractères alphabétiques. Ainsi le dessin est plus ancien que l'écriture, et quand nous voyons un bas-relief ou une peinture où les figures sont accompagnées des mots par lesquels est exprimé l'acte auquel elles se livrent, si l'on recherche la genèse des éléments dont cette scène se compose, on trouve que la figure est la plus ancienne ; c'est elle qui motive la présence de l'inscription qui l'accompagne et qui en donne le sens. Cela est si vrai que ce souvenir a subsisté, et que pour l'Égyptien une sculpture ou une peinture murale n'est jamais complète s'il n'y a pas un texte qui l'accompagne.

____

(1) Marestaing l. c., p. 91, traduit *saxis* par *pierre*. Je crois que *rochers* est plus conforme à ce que nous est conservé des dessins des primitifs.

Il paraît donc probable que ces premières scènes gravées sur les roches et où a figuré l'écriture, se composaient d'un dessin accompagné de caractères phonétiques. Plus tard, lorsque l'écriture eut pris un plus grand développement, on s'en servit pour ajouter à la scène ce que le dessin ne pouvait pas donner, comme les noms et les titres des figurants, les conversations entre eux, les chiffres des troupeaux ; mais l'idée première subsiste ; la figure a disparu ; ce qui la remplace c'est le déterminatif qui indique la valeur des signes. Je prends un mot quelconque ⌇ que Brugsch lit *nennu* et d'autres *nu*. Ce mot a des sens très divers qui seront distingués par le déterminatif. S'il veut dire *revenir en arrière*, il a pour déterminatif les deux jambes ⋀ ; si c'est *voir*, c'est le déterminatif de l'œil ⬬ ; si c'est le temps, ce sera ☉ le déterminatif des jours ; si c'est un *chasseur*, le double déterminatif ⬬ 𓀀 ou quelquefois un homme qui tient un chien en laisse. On pourrait encore trouver d'autres significations de ce mot. Tous les déterminatifs représentent exactement l'action, la figure que signifie le mot qui précède.

Mais s'agit-il d'un acte qui ne peut pas être représenté par une figure ou une classe de personnes ou d'objets dans laquelle rentre ce qui a été exprimé phonétiquement, le déterminatif sera ce qu'on nomme déterminatif générique, qui s'applique à tout un ensemble de mots. Ainsi, quand le même mot *nu*, copte ⲕⲟⲧⲉⲓⲛ, veut dire *pousser, agiter* (Brugsch), il est déterminé par le bras armé ⸧ qui en général s'applique à toute action violente. S'agit-il du nom d'un dieu, le déterminatif sera le mot ordinaire pour une divinité mâle 𓀭 ou 𓀯

pour une déesse. La peau ⟨hieroglyph⟩ indiquera qu'il s'agit d'un animal. ⟨hieroglyph⟩. L'homme portant la main à la bouche suivra les mots qui concernent la parole ou les choses de l'esprit. L'homme et la femme sont très souvent employés comme déterminatifs génériques dont il y a une grande quantité.

Le déterminatif placé de cette manière après la valeur phonétique indique la fin du mot qui est complet.

Les caractères qui le précèdent nous indiquent souvent la valeur idéographique du déterminatif quand il est seul, ainsi un homme qui tourne ses bras en arrière est le déterminatif de ⟨hieroglyph⟩ qui veut dire *retourner*. S'il se trouve seul dans une phrase, nous savons qu'il doit se lire ⟨hieroglyph⟩. De même ⟨hieroglyph⟩ est le déterminatif de ⟨hieroglyph⟩, il a donc la valeur ⟨hieroglyph⟩. Quand nous rencontrons le triangle ⟨hieroglyph⟩ seul, nous savons qu'il doit se lire *spt* ⟨hieroglyph⟩ ou ⟨hieroglyph⟩. L'homme avec les mains liées derrière le dos se lira ⟨hieroglyph⟩. C'est de cette manière que nous avons retrouvé la valeur d'un grand nombre de signes idéographiques qui étaient le déterminatif de mots écrits en caractères phonétiques.

Pour les Égyptiens, le but du déterminatif placé à la fin du mot était de leur faire comprendre le sens exact de ce mot. Mais il avait aussi un autre but, c'était d'en fixer la valeur phonétique, et en partie d'indiquer la prononciation des voyelles. Nous avons vu, à propos du verbe *danser*, un déterminatif qui n'a aucun rapport avec le sens du mot et qui sert uniquement à en fixer la prononciation. On reconnaît toujours la préoccupation de faire comprendre ce que c'est que l'écriture. C'est quelque chose de nouveau, auquel on n'est pas habitué et qui n'est pas encore gouverné par des règles fixes.

Là où le déterminatif est clairement un auxiliaire phonétique, c'est lorsqu'il est écrit entre la première et la seconde lettre du mot. A cette place, il ne peut pas être l'explication du mot. On en trouve un grand nombre d'exemples dans les textes des Pyramides ; en voici quelques-uns : [hiéroglyphes] (94). Ce même mot est écrit [hiéroglyphes] (1096), ce qui nous indique que [hiéroglyphe], comme tous les caractères alphabétiques, était d'abord la syllabe ouverte [hiéroglyphes] et qu'on a laissé tomber la voyelle.

[hiéroglyphes] qu'on rencontre un grand nombre de fois, peut être suivi d'un [hiéroglyphe] ou ne pas l'être ; il ne semble donc pas que ce signe soit un mot à trois consonnes, car, quand il signifie un *sceptre*, un mot à trois consonnes, et qu'il est un déterminatif explicatif, il figure aussi comme déterminatif phonétique dans la première syllabe [hiéroglyphes] (1520).

On trouve très fréquemment [hiéroglyphes]. Ici il semble clair que le déterminatif [hiéroglyphe] marque la prononciation de l'[hiéroglyphe], en copte ⲉⲓⲛⲉ, car [hiéroglyphes] soit comme mot indépendant, soit comme syllabe initiale d'un mot, devait se prononcer différemment.

[hiéroglyphes] (97, 99, 100) où la face est un déterminatif phonétique, tandis que le faucon explique qu'il s'agit du nom d'Horus.

On pourrait citer un grand nombre d'autres de ces déterminatifs qui évidemment indiquent ce qu'est la voyelle.

[hiéroglyphes] (452, 479, 941). Ici le premier déterminatif paraît indiquer que [hiéroglyphes], phonème unique, est une diphthongue qui plus tard devint un [hiéroglyphe] r. Le mot veut dire *arriver* et le second déterminatif est générique. Ce mot est écrit une fois

(312) 𓄿 (1) avec l'oiseau qui deviendra l'orthographe habituelle ⸺ *arriver* et qu'on trouve déjà dans les Pyramides (308).

Il arrive souvent que dans un mot à trois consonnes le déterminatif se trouve après la première syllabe, ce qui paraît indiquer que le signe représente une syllabe fermée à deux consonnes, et non un mot à trois consonnes. Cela est très souvent le cas quand la troisième consonne est une liquide comme ⸺, 𓅓, ou ⸺ qui à l'occasion peuvent être des voyelles. Ainsi nous avons 𓏛 (259, 347, etc.) que nous trouvons aussi écrit sans l'𓅓, 𓏛 (868), (1673) et 𓏛 (1597). Cela montre donc que le mot de l'oreille est 𓏛 ou 𓏛 (53) ; 𓏛 est dans le même cas (293, 707). Je n'ai pas trouvé d'exemple de 𓏛 déterminatif après le mot complet.

Le scarabée est toujours avant l'⸺, soit qu'il soit seul (782) soit qu'il soit le déterminatif de la syllabe 𓆣 ⸺ (416 et passim), ⸺ (561, 917). Mais ici on peut trouver le déterminatif après le mot complet ⸺ (1464). Dans les exemples suivants (570, 643, 697, 702) il n'y a pas accord entre les différentes versions ; il en est qui écrivent le mot sans ⸺ il en est qui mettent le déterminatif avant l'⸺, et d'autres après. (711 N) on trouve les quatre manières d'écrire ⸺, ⸺, ⸺, ⸺.

---

(1) Maspero, lit ici 𓄿.

En résumé, le déterminatif est avant tout un auxiliaire phonétique. Il sert, pour celui qui lit le texte à haute voix, à prononcer exactement le groupe qu'il a devant les yeux. Il ne faut pas oublier que tout texte est à cette époque reculée destiné à être lu, non à voix basse, mais à haute voix. Lire à voix basse, c'est pour l'ancien Égyptien comme pour l'Assyrien, *voir*. Même en grec il n'y a pas de mot pour *lecteur* et les auteurs comme Thucydide ou Plutarque ne parlent que de leurs *auditeurs*.

Le déterminatif ne vient en aide qu'à ceux qui savent la langue. Un alphabet figuratif ne peut être lu que par quelqu'un qui en comprend le sens. Il est facile à quelqu'un qui ne sait pas le grec de lire un texte sans le comprendre, du moment qu'il connait la valeur fixe des lettres, lesquelles sont en petit nombre. Mais quand il s'agit d'un alphabet composé de figures, comment celui qui ignore la langue pourrait-il se rendre compte du son que représente cette figure ? Voici par exemple une barque 𓊪 qui se lit *uaa*. Celui qui se trouve en face d'un texte où il voit un signe de cette nature ne pourra pas lire ce texte avant de savoir qu'en égyptien une barque se dit *uaa*, que l'écriture phonétique en est 𓃀𓏤𓅱 et que c'est le même mot qu'il peut rencontrer par un signe unique 𓊪 comme déterminatif, après un groupe de trois voyelles 𓃀𓏤𓅱 𓊪 ou même sans déterminatif, quoique ce soit une orthographe plus rare.

On retrouve dans plusieurs traits de l'écriture la preuve que l'on en est encore à la période d'essai, à la première tentative de rendre par des signes ce que l'on entend et ce que l'on dit. Faire comprendre ce qu'il écrit, indiquer clairement à quel mot correspondent les caractères qu'il trace, c'est là la première préoccupation du scribe égyptien. Il y arrivera par divers moyens qu'il emploiera tour à tour. Il n'a pas devant lui des règles tracées clairement qu'il n'a qu'à suivre pour arriver infailliblement au but. Il y a encore chez lui des restes de tâtonnements.

Nous avons vu que l'un des moyens qu'il appelle à son aide pour figurer exactement le mot, ce sont des caractères complémentaires.

Un autre, qui est encore plus efficace, c'est le déterminatif, et celui-ci se retrouve dans d'autres langues qui ont aussi commencé par la figure. Les Assyriens, nous dit King (1) « avaient une méthode d'indiquer la classe et le sens d'un grand nombre de leurs mots qui est d'un grand secours pour lire leurs inscriptions. Ils ajoutaient à divers mots des signes appelés déterminatifs, qui indiquent dans chaque cas à quelle classe le mot appartient. » King cite 30 déterminatifs, qui sont tous des mots qui ont une valeur idéographique et qui, à l'exception de trois, sont placés avant le mot auquel ils appartiennent. Ces déterminatifs précèdent ou suivent le mot ; étaient-ils muets comme ceux de la langue égyptienne ? Pour ceux qui étaient placés après le mot, cela paraît certain ; quant à ceux qui précèdent, ce peut être une sorte d'avertissement qui est donné à celui qui lit à haute voix, et qui est prévenu de cette manière de ce que sera le mot qu'il va avoir à prononcer.

____

(1) King, Assyrian Language, p. 61.

Il est intéressant de remarquer que les deux écritures, qui
toutes deux partent de la même origine, la figure, ont recours
aux mêmes procédés pour que celui qui en fait usage n'ait
pas d'hésitation et rende exactement ce qui est dit ou ce
qui est entendu. Ces procédés sont absolument inutiles lorsqu'on
a un alphabet véritable dans lequel l'élément hiéroglyphique,
la figure, a complètement disparu. Il n'y a pas deux manières
d'écrire un mot grec ; il se compose d'un petit nombre de
caractères à prononciation fixe. Celui qui écrit un mot est
obligé d'en employer quelques-uns, toujours les mêmes, et il
n'a pas le choix entre plusieurs qui sonnent de même, et surtout il n'est pas libre de renoncer à tous ces caractères alphabétiques et de les remplacer par un seul qui a une valeur
idéographique. L'idée d'écriture a progressé ; elle est devenue
quelque chose de défini. Ce n'est plus la représentation d'un
son par des moyens divers, et où le dessin joue encore un
grand rôle ; c'est une convention par laquelle un signe, toujours le même, et absolument amorphe, correspond à un des
phonèmes qui composent un mot. Comme ce phonème n'a d'autre
valeur que celle du son qu'il rend et qu'il est nécessaire pour
la formation du mot, il ne pourra être omis ; il faudra qu'un
mot réunisse tous les caractères qui le composent, car plus
aucun n'a de valeur idéographique. C'est pour cela que le
déterminatif n'existe pas dans les alphabets véritables. Pour
cette raison encore, ainsi que je l'ai dit précédemment, il est
à mon sens absolument faux de mettre en parallèle un alphabet
véritable tel que l'hébreu avec les hiéroglyphes égyptiens.

Chapitre X

L'ordre des signes

Les grammairiens qui ont étudié l'écriture et la langue égyptienne sont presque tous partis de l'idée que les hiéroglyphes obéissaient aux mêmes lois qu'un alphabet régulier. (1) Ils n'ont pas considéré que les hiéroglyphes ont toujours été un dessin, que l'élément figuratif n'en a jamais entièrement disparu, même dans le démotique où la figure est cependant complètement dénaturée. L'écriture, c'est le dessin destiné à frapper non les yeux, mais les oreilles. Il est donc nécessaire d'examiner comment les Égyptiens comprenaient le dessin.

Je prends la première scène venue dans le temple de Deir el Bahari. (2) Nous y voyons le roi Thothmès II entre Amon et Harmakhis. Amon, de sa main droite, prend celle du roi; de la gauche il lui présente au nez le signe de la vie. A gauche du roi, Harmakhis touche son diadème de la main droite, tandis que de la gauche il saisit l'épaule gauche du roi. Il semble que dans cette scène les trois personnages doivent

---

(1) Seul à ma connaissance, M. Erman me paraît être revenu de cette idée : « Peinigt uns doch täglich die Unvollkommenheit und Vieldeutigkeit der ägyptischen Schrift, von deren Mängeln mancher Fachgenosse kaum einen richtigen Begriff haben dürfte. Die Hieroglyphen sind eben nie die konsequente und vernünftige Schrift geworden, als die wir sie uns eine Zeitlang so gerne denken mochten. » (Zeitschrift, Vol. 48, p. 31.)

Nous partageons absolument le point de vue de M. Erman ; nous avons déjà insisté sur plusieurs des imperfections de l'écriture égyptienne, dont l'une fera l'objet de ce chapitre.

(2) Deir el Bahari, I, pl. 2.

être de profil. S'ils étaient de face, Harmakhis ne pourrait pas toucher le diadème du roi comme il le fait. Or, que voyons-nous dans ces trois figures ? Un mélange de la représentation de face et de profil qui fait un ensemble absolument contraire à la réalité, mais qui cependant répond entièrement au but que se propose le sculpteur, qui est d'être compris ; le roi debout est entre les dieux et il se dirige vers Amon. Les trois têtes sont de profil ; néanmoins pour chacune l'œil est vu de face, et un gros bourrelet marque le sourcil. Ces têtes reposent sur des bustes vus de face, les deux épaules sont parfaitement symétriques pour toutes trois, et chez le roi les bras pendent de chaque côté comme dans une figure de face. Le vêtement cache le passage du torse de face aux jambes qui sont de profil, puisqu'ils marchent. S'ils étaient représentés entièrement de profil, les personnages se cacheraient partiellement l'un l'autre, ce qui serait contraire aux idées égyptiennes. Il faut montrer tout ce qui constitue le corps humain, quitte à donner aux éléments qui le composent une place qui n'est pas celle de la vérité. L'œil n'est pas vu de face dans une figure de profil ; n'importe, il faut montrer cet élément de la figure. Il est inutile d'insister sur ce sujet, chacun peut remarquer au premier coup d'œil ces incorrections flagrantes dans le dessin égyptien, lesquelles n'influent en rien sur l'intelligence de la représentation.

Passons maintenant au dessin destiné à représenter un son, un mot. C'est au mot égyptien par excellence que s'applique ce que dit Saussure : qu'il a une valeur phonétique. Les éléments qui le composent, les caractères, correspondent aux membres du corps humain, et si pour ceux-ci on n'a pas jugé nécessaire de leur donner leur vraie place, sera-t-on plus scrupuleux pour les éléments qui doivent former un mot? Il est certain que les Égyptiens n'avaient pas reconnu l'une des conditions premières d'un alphabet; les signes qui composent un mot ont un ordre fixe dont ils ne peuvent pas s'écarter. Il ne peut pas en être autrement lorsqu'il s'agit de lettres amorphes qui n'ont pas de sens par elles-mêmes et qui par convention représentent un certain son. Mais il ne faut pas oublier que le **caractère égyptien** est une figure, et que le mot est un groupe de ces figures : c'est un dessin.

M. Lacau, dans sa belle étude sur les métathèses apparentes en égyptien, (1) nous paraît être parti du principe vrai : toute ligne verticale ou horizontale formait un espace nettement limité par deux traits équidistants. Pour remplir cet espace d'une manière qui ne fût pas choquante, on devait naturellement chercher à équilibrer aussi exactement que possible les vides et les pleins, les noirs et les blancs. C'est donc uniquement une question de calligraphie qui est à la base de ces métathèses.

M. Lacau indique quatre principes d'après lesquels se produisent ces métathèses, et qui dérivent tous quatre du dessin. Nous nous rangeons entièrement à ces explications, mais celles-ci nous montrent clairement ce que nous disions au début : c'est que les Égyptiens n'ont pas réalisé qu'un mot ne peut s'écrire que d'une seule manière et que les signes qui le composent ont un ordre défini dont on ne peut pas dévier.

____

(1) Recueil de travaux, vol. **XXV**.

Nous ne pouvons pas, si nous écrivons le mot *Égypte*, écrire *Geypte* ou même faire passer le *t* par dessus les deux lettres qui le précèdent, comme M. Lacau en cite plusieurs exemples au commencement du mot *tegype*. C'est ce que nous voyons en égyptien.

M. Sethe, dans son ouvrage sur le verbe, cite un grand nombre de ces métathèses ; ainsi il s'étend longuement sur l'[hiéroglyphe] (§ 87). Ces métathèses sont de diverse nature, ainsi celles que nous voyons au début du mot [hiéroglyphes] *danser* au lieu de [hiéroglyphes], et M. Sethe ajoute que le mot est souvent écrit sans [hiéroglyphe] ; c'est ainsi que nous l'avons trouvé dans le tombeau de Ti [hiéroglyphes]. L'écriture [hiéroglyphes] nous semble provenir de ceci : le scribe écrit comme il prononce, et en parlant il diphthongue la première voyelle qui devient [hiéroglyphes]. Nous avons ainsi [hiéroglyphes] au lieu de [hiéroglyphes]. Probablement qu'alors la première voyelle s'étant allongée, la voyelle finale, celle qui suivait le [hiéroglyphe], s'est amuie.

D'autres métathèses ne peuvent pas s'expliquer de la même manière : ainsi [hiéroglyphes] pour [hiéroglyphes] qui d'après le copte ϭⲃⲟⲓ semble être la forme vraie. Il n'y a pas là de question de prononciation. Quelle peut être la raison de cette métathèse et d'un grand nombre d'autres que nous trouvons dans les textes, ainsi que l'omission de signes qui sont nécessaires au mot ? Il semble qu'il y a un certain désordre dans l'orthographe au lieu des règles fixes qui se trouvent dans d'autres langues.

A cet égard, je ne puis en donner qu'une seu'e explication. L'écriture est encore un dessin, le mot est une figure, par conséquent pourvu qu'il y ait dans cette figure les traits nécessaires pour la faire reconnaître, pour que celui qui la voit puisse en dire correctement le nom (car il faut se rappeler que l'écriture sert à la lecture à haute voix), cela suffit. L'ordre de la prononciation ne sera pas toujours respecté, de même qu'avec une figure de profil on verra des bras de face, quand même ils devraient être cachés par la personne.

Pour s'en rendre compte, il suffit de ·jeter un coup d'œil sur le beau travail où M. Sethe a réuni les textes des Pyramydes, les plaçant parallèlement. On peut les consulter à n'importe quelle page. 127, W lit : [hiéroglyphes], T [hiéroglyphes], M et N [hiéroglyphes], W [hiéroglyphes], T [hiéroglyphes], M [hiéroglyphes], N [hiéroglyphes], W [hiéroglyphes] et plus loin [hiéroglyphes] et [hiéroglyphes], les autres lisent [hiéroglyphes] et [hiéroglyphes]. W [hiéroglyphes], les autres [hiéroglyphes], W [hiéroglyphes], T et M [hiéroglyphes], W [hiéroglyphes], T [hiéroglyphes], M et N [hiéroglyphes].

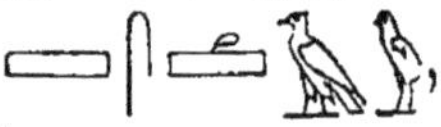

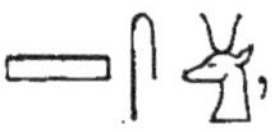

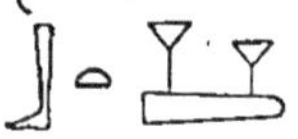

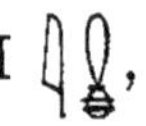

On voit les différences considérables qu'il y a dans les quelques lignes auxquelles M. Sethe donne le Nº 127. Il faudrait y ajouter celles qui se trouvent dans les déterminatifs, ces signes muets qui sont là pour aider à la prononciation. C'est à celle-ci qu'il faudrait arriver, car c'est elle qui détermine l'écriture. Ce n'est pas le texte écrit qui enseigne comment les mots doivent être prononcés. Aussi ne pouvons-nous pas toujours considérer la forme d'un mot tel que nous le voyons écrit comme correspondant à une forme grammaticale ; ce peut être simplement une différence graphique.

Cette espèce d'arbitraire dans l'écriture se montre surtout dans la manière de placer les voyelles ; et c'est là ce qui a arrêté ceux qui d'abord se sont occupés du déchiffrement des hiéroglyphes. Champollion, nous l'avons vu, avait reconnu que les Égyptiens très souvent n'écrivaient dans les mots que les voyelles longues, qu'ils omettaient volontiers les brèves, et souvent les voyelles médiales. Mais on peut parfois retrouver la voyelle qui paraît omise en la cherchant à une autre place que celle qu'elle devrait occuper.

Les voyelles se trouvent surtout au commencement et à la fin des mots et il arrive souvent que la voyelle importante d'un mot, celle de la racine, qui devrait être au milieu du mot, est placée à la fin. Déjà en 1866, Chabas avait reconnu cette irrégularité. « Il se peut faire, nous dit-il, que des voyelles écrites au commencement ou à la fin des mots soient des voyelles médiales, et doivent être articulées non pas à leur place apparente, mais dans le corps des mots. » (1) Pourquoi cette irrégularité ? Quelle en est la cause ? Nous ne pouvons l'indiquer, et cependant elle existe, et nous ne saurions le nier.

Après Chabas, M. Loret, en 1903 d'abord, puis en 1904, a repris cette idée (2) qu'il a développée avec une grande richesse d'exemples. Nous ne pouvons que nous associer à ses conclusions. M. Sethe appelle cela une théorie étrange qu'ont

---

(1) Œuvres diverses, III, p. 70.
(2) Proceedings of the Society of Biblical Archaeology, vol. 26, p. 219.

saluée les partisans de l'existence des voyelles à l'appui de leurs vues insoutenables.

Voici par exemple le nom du dieu Anubis, qui n'est jamais écrit autrement que 〔⸗〕 *anpu*, et non *inpw*. Si nous prenons la prononciation grecque Ἀνουβις nous voyons que le mot à la terminaison ῑς, une de celles que les Grecs, qui voulaient pouvoir décliner le mot, ajoutaient à un mot égyptien terminé par une consonne. Nous l'avons vu à propos de quantités de noms de villes : Tanis, Bubastis, et d'autres. Ainsi, dans le mot 〔⸗〕 la dernière lettre était une consonne, et le mot se terminait par le □, par conséquent la voyelle 〔⸗〕 devait se placer avant et les Égyptiens lisaient 〔⸗〕. Souvent on le trouve écrit 〔⸗〕 sans la voyelle, parce qu'alors le ⸗ conserve sa valeur syllabique ⸗〔⸗〕.

Le fait qu'un caractère alphabétique conserve à l'occasion sa valeur de syllabe ouverte, et qu'on n'a pas inscrit la voyelle à sa suite, a fait croire que les Égyptiens n'écrivaient pas les voyelles et qu'ils omettaient volontiers les voyelles médiales. En réalité ils ont bien écrit la voyelle qui faisait partie du signe syllabique et qu'il n'était pas nécessaire de détacher. Chabas était arrivé à la lecture juste, sans cependant reconnaître la valeur syllabique du caractère alphabétique. « Dans les noms de 〔⸗〕, 〔⸗〕, 〔⸗〕 il ne faut pas lire *Anpu*, *Nmou* ou *Khnmou*, *Tmou*. En décidant d'après les analogies et les transcriptions grecques Ἀνουβις, ανουβις nous concluons que la voyelle 〔⸗〕 n'est pas finale, et que la forme égyptienne est *Anoup*, *Num*, *Tum*. (1)

(1) Chabas, Œuvres diverses, p. 72.

La voyelle placée à la fin peut appartenir à une autre syllabe que la dernière : ainsi dans le nom 𓇋𓏠𓈖𓊵𓏏𓊪 que nous trouvons écrit dans le même texte 𓇋𓏠𓈖𓊵𓏏𓊪𓅱 (1) ce mot ne doit pas être transcrit *Amenhotepu* ; l'𓅱 n'est pas la finale. Elle appartient à la première syllabe du mot qui est le copte ϩⲱⲧⲡ. Les noms de rois sont en général écrits sans la voyelle 𓅱 à la fin du cartouche. On trouve cependant 𓇋𓏠𓈖𓊵𓏏𓊪𓅱. (2) La transcription grecque Ἀμένωφις avec la même terminaison ις indique bien que le mot se terminait par la consonne 𓊪 et elle contient aussi la voyelle ω de la première syllabe. La forme phonétique du signe qui le plus souvent est écrit 𓊵𓏏𓊪 est 𓊵𓏏𓊪. Dans ce mot, l'𓊵 a conservé sa valeur de syllabe ouverte qui est 𓊵𓅱, et la voyelle qui appartient au premier signe est placée à la fin 𓊵𓏏𓊪𓅱. Le 𓅱 doit cependant se lire à cette place quand il est le signe du pluriel.

On voit par ces deux mots qu'il n'y a pas encore de règle fixe. Tantôt une syllabe ouverte est devenue une simple lettre alphabétique par la chute de la voyelle ; tantôt elle a conservé sa nature première, et elle est restée syllabe ouverte, tantôt elle est divisée en ses deux éléments, la consonne et la voyelle ; ces deux éléments peuvent être séparés, et le scribe n'est pas obligé d'écrire le mot d'une certaine manière. Il peut écrire 𓊵𓏏𓊵𓏏𓊵𓏏𓅱. Dans la graphie 𓊵𓏏𓊪, en vertu de l'acrophonie, le signe 𓊵 représente la syllabe 𓊵𓅱 tandis

____

(1) Pap. Abbott.
(2) Gauthier, Le Livre des Rois d'Égypte, II, p. 197, 206.

que lorsque l'⟨hiéroglyphe⟩ est écrit à la fin, ce n'est plus que l'⟨hiéroglyphe⟩. Dans le premier cas, l'⟨hiéroglyphe⟩ est une syllabe ouverte. Dans le troisième les deux éléments de la syllabe ont été détachés, mais ne sont pas placés l'un à côté de l'autre.

Le mot ⟨hiéroglyphe⟩ qui signifie l'enfant est souvent écrit ⟨hiéroglyphes⟩ qui doit se lire *mos*. Tous les noms de rois qui finissent en ⟨hiéroglyphes⟩ sont transcrits en grec par μωσις, Τουθμωσις, Ἀμωσις. S'il n'y avait pas un ω dans cette syllabe, les Hébreux n'auraient pas, en vertu d'une étymologie populaire, fait de ce nom qui veut dire l'*enfant* pour les Égyptiens, celui de מֹשֶׁה *sauvé des eaux*.

Ainsi l'écriture n'est pas un système fixe et clairement défini d'après lequel la prononciation doit se régler. C'est le moyen encore imparfait de reproduire le mieux possible le langage, ce qui se dit. On n'est pas encore arrivé à cette idée élémentaire qu'il y a une seule manière d'écrire un mot, et un ordre fixe des caractères dont il se compose. Cette habitude de placer la voyelle à la fin du mot ressort clairement des graphies suivantes. Le présence à la fin d'un mot de ⟨hiéroglyphes⟩, ⟨hiéroglyphes⟩ ou de ⟨hiéroglyphe⟩ seul = ⟨hiéroglyphes⟩ indique qu'il y a un ω ou ογ avant l'⟨hiéroglyphe⟩ finale ⟨hiéroglyphes⟩ ⲧⲱⲛ ⟨hiéroglyphes⟩ ⲣⲱⲛ, ⟨hiéroglyphes⟩ Aton, ⟨hiéroglyphes⟩ Adon, ⟨hiéroglyphes⟩ Ὦν. Pour ce dernier mot, nous avons la transcription assyrienne *Ana*. (1) En assyrien, il n'y a pas de signe pour la voyelle ō qui est remplacée, suivant les mots, par *a* ou par *w*. Le signe ⟨hiéroglyphe⟩ a pour valeur phonétique ⟨hiéroglyphe⟩ qu'on trouve dans

----

(1) Ranke, Keilschriftliches. Zeitschr. 58, p. 135.

les Pyramides. (1) D'après Ranke, la transcription d'⦿ doit
être *i-n̑w* et non pas, comme transcrit Erman, *iwnw* parce que
l'assyrien montre que déjà à une époque ancienne le *w* du
signe ⦿ était tombé. Quand nous voyons que la plus ancienne
lecture du signe que nous connaissions c'est ⦿ , il n'y a
aucune raison de supposer qu'avant l'⦿ il y avait *w*. La
voyelle *ō* est indiquée par l'ʊ, c'est l'*ω*. Nous avons donc la
prononciation du nom d'Héliopolis. Or, suivant M. Erman et
l'école allemande, lorsque les Égyptiens voulaient rendre le
son *ωv*, ils ont écrit *iwnw* ou, d'après M. Ranke, *i-n̑w*. Si
véritablement ils ont écrit ces mots, on se demande comment
ils les lisaient, et comment ils en ont fait ωn.

On voit clairement d'après ce mot que la transcription allemande est celle d'une langue qui n'a jamais été parlée. Mais
cela ressort encore mieux de la transcription d'un nom grec,
celui de *Φίλων*. Pour rendre ce mot, c'est-à-dire pour en
reproduire le mieux possible la prononciation, on a écrit
⦿ qui doit être transcrit *p h j j l n n w*, la même
question se pose : comment lire ce nom, et comment fait-il
Φίλων ? Entre toutes ces consonnes, il faudrait nécessairement
insérer des voyelles, et alors en quoi le mot égyptien ressem-
blerait-il au mot grec? Tandis qu'en tenant compte de ce que
nous avons reconnu, que la finale ⦿ représente souvent un *ω*
dans la dernière syllabe, et en prenant ⦿ pour ce qu'elle

---

(1) ⦿ est écrit ⦿ *T* 422 et 426, ⦿ , *P* 426, la ville d'⦿
est écrite ⦿ au tombeau de Ramsès IV, d'après ma copie et celle de
Champollion. (Todt, ch. 125, confession 1. 17.)

est, la voyelle *i*, nous avons une transcription *p h i l ō n* ce qui est parfait, on ne pourrait pas avoir une correspondance plus exacte.

Nous ne pouvons pas faire une règle absolue de la valeur de ⊙ finale, il y a des mots qui font exception ; mais on peut la trouver même dans des mots dont la dernière syllabe n'est pas un ～～, ainsi ⟨ copte ⲕⲱⲧ faire de la poterie. (1)

Il y aurait lieu de faire une étude attentive de la place que la voyelle écrite à la fin avait dans la prononciation.

Et ici se présente une question embarrassante : est-ce que dans la finale ～～ 𓄿 d'un grand nombre de noms sémitiques qui se terminent en hébreu par ן, la voyelle 𓄿 n'est pas cet ו qui se place avant l'ן en sorte que nous devrions lire ⟨ *Askalon*. On objectera qu'en assyrien le nom est écrit *Is ka lu na* avec cette finale *na*. Mais il ne faut pas oublier que l'assyrien n'a pas de consonnes simples, il n'a que des signes syllabiques et n'a aucun signe représentant une consonne non accompagnée d'une voyelle. Il était donc obligé, lorsqu'il voulait écrire un *n* final ; d'écrire *na*, quitte à laisser tomber l'*a* final dans la prononciation. Nous trouvons ce même signe à la fin de plusieurs autres mots terminés en hébreu par ן tels qu'Ekron ou Sidon, etc.

J'en dirais autant du nom d'⟨ les Achéens, qui est écrit aussi ⟨. M. Streitberg a montré que le pluriel du nom grec à cette

---

(1) Dévaud, Etymologies coptes, p. 7.

époque devait être Ἀχαιϝως. On voit, comme nous l'avons montré précédemment, le vague qu'il y avait dans ces transcriptions de noms étrangers et combien elles sont loin d'être faites d'après les règles de la philologie. Une fois, dans l'une de ces transcriptions, il y a un ⌠⌡ inséré au milieu du mot, lequel manque à l'autre. Le ϝ serait représenté par ⸗ et l'⸗ final serait l'ω de la dernière syllabe.

Je ne prétends nullement que ce soit là une règle absolue, et que tous les noms de peuples terminés en ⸗ doivent se lire comme finissant en ως ; ainsi les Mashouasha, les Touirsha, les Shakalasha et d'autres. Les transcriptions ne sont que des approximations, et en outre le son des voyelles est très variable. J'ai cité des cas où ⸗ représente certainement un ω dans la syllabe finale ; mais ce groupe peut être le signe du pluriel, où se trouve la voyelle ⸗ ou ⸗ à la fin du mot.

Il est bien possible que dans le nom des Sardes ⸗ il y ait un ō et que le nom doive se prononcer *Shardon*, puisque Hérodote l'appelle Σαρδόνιος.

On voit que la vocalisation est souvent loin de correspondre à l'écriture et cependant, si nous voulons nous faire une idée de ce qu'était la langue parlée, nous devons chercher ce qu'était cette vocalisation. Or nous ne pouvons la retrouver que dans le copte qui était la langue parlée, et elle peut varier suivant que nous la prenons dans tel dialecte plutôt que dans tel autre. Il est du reste bien possible que la vocalisation ne fût pas unique et qu'un mot écrit ne fût pas lu exactement de même s'il était prononcé par un habitant de Memphis ou de Thèbes.

C'est peut-être de là aussi que viennent les différentes manières d'écrire un mot.

En résumé, nous pouvons constater que l'écriture ne rend la prononciation que d'une manière approximative. Le mot est une figure dont les éléments sont représentés en gros, suffisamment pour être reconnus. Mais ce n'est pas la figure qui indique exactement au lecteur ce qu'il doit faire entendre. Elle le met sur la voie, c'est le lecteur qui la complète et quelquefois la corrige, et qui lui donne le son exact, la prononciation correcte qu'elle doit avoir.

Chapitre XI

Direction de l'écriture

On a émis diverses théories sur la direction de l'écriture, sur ce qui avait motivé qu'elle allât de droite à gauche au lieu de l'inverse. Il ne faut pas chercher là une raison théorique ou linguistique ; c'est simplement affaire d'exécution, affaire d'habitude des écrivains, laquelle était réglée soit par l'endroit où devait se placer ce qu'ils écrivaient, soit par la substance dont ils se servaient : pierre, bois, papyrus.

Les inscriptions les plus anciennes étaient sur des rochers et plus tard sur des murs ; le scribe avait devant lui toute la surface où il avait à reproduire un texte ; il pouvait donc commencer où il voulait et tourner son écriture dans le sens qui lui paraissait le meilleur. A cet égard, une écriture figurative a plus de liberté qu'une écriture amorphe. Les animaux peuvent regarder à droite ou à gauche ; on peut tourner un objet comme on veut, la valeur phonétique restera la même, aussi les plus anciennes inscriptions que nous ayons conservées, celles des cylindres d'Abydos, ou de la pyramide d'Ounas, sont écrites dans les deux sens.

Quant à la direction à donner à une inscription murale, si elle est très longue comme celle des Pyramides, elle devra être en colonnes verticales. Qu'on suppose un graveur ayant à couvrir de textes une paroi de grandes dimensions ; s'il veut le faire en lignes horizontales, il aura à se déplacer continuellement : à chaque instant il devra s'interrompre et changer de position. Tout cela est facile s'il s'agit de lignes qui sont à sa hauteur ; mais lorsqu'il travaillera dans le haut de cette paroi, il lui faudra un échafaudage qui ait toute la longueur de la paroi, qui sera peut-être placé très haut, et le long duquel il puisse se mouvoir latéralement. Puis, à mesure qu'il avancera, il faudra changer la hauteur de cet échafaudage ; il faudra le baisser, ce qui implique beaucoup de travail. Il en est tout autrement si le scribe écrit en colonnes, en lignes verticales. Une échelle lui suffira, sur laquelle il monte et descend, où il peut sans doute achever plusieurs lignes avant de la déplacer assez pour en graver trois ou quatre autres.

Ce qui explique que l'écriture des papyrus soit toujours de droite à gauche, c'est que les écrivains ne peuvent pas faire autrement. La vue des écrivains orientaux le fait comprendre d'emblée. Il suffit d'aller à un des marchés d'Égypte pour s'en rendre compte. Qu'on regarde un Arabe écrire une lettre. Il n'est pas assis sur une chaise devant une table à écrire. Il est assis par terre, les jambes croisées, et il a, pour appuyer le papier sur lequel il écrit, sa main ou son genou.

Ici nous avons un exemple frappant qui montre que, pour expliquer le passé, il suffit de regarder au présent, à ce qui se passe encore de nos jours. L'Orient est resté le même, les usages n'ont pas changé, à moins que la civilisation n'en ait introduit de nouveaux. Dans ce cas-ci, la nouveauté, c'est l'adoption de la table et de la chaise.

Qu'on regarde un des scribes qui, dans un marché, rédige une lettre ou un contrat de vente. Il le fera sur du papier qui ressemble fort au papyrus, et qui l'a remplacé. Il écrira sur sa main. Pour cela, il repliera son papier dans la main gauche, de manière à laisser libre le bord droit qui repose sur ses doigts. C'est là qu'il commence à écrire, et à mesure qu'il avance, il défait les plis avec le pouce de la main gauche et dégage le papier, sa main lui servant toujours d'appui. Forcément il devra donc écrire de droite à gauche. C'est pour cela que l'arabe s'écrit ainsi. Impossible d'écrire du français de cette manière. Il faudrait pour cela écrire de la main gauche, et ce serait la main droite qui appuierait le papier et le déplierait à mesure. Le papyrus était une substance tout analogue au papier et devait être traité de la même manière. Aussi l'hiératique, l'écriture cursive, n'a jamais été écrit autrement que de droite à gauche. C'est l'écriture des correspondances, des livres, elle n'est point lapidaire, car nous ne possédont qu'une ou deux stèles gravées en hiératique, et jamais on ne voit d'inscription murale en hiératique.

Un livre ne s'écrivait pas sur la main ; c'était un rouleau, et le scribe écrivait sur ses genoux. Nous avons un grand nombre de statues où l'on voit l'écrivain assis, tenant son rouleau toujours de la main gauche. Le scribe commence au côté droit, il écrit la première page, et la main gauche déroule le papyrus et lui présente les pages suivantes. Encore ici il faut aller de droite à gauche. La main droite écrit, la main gauche déroule. S'il avait commencé à gauche, la main gauche serait oisive, ce serait la main droite qui déroulerait le papyrus en le repoussant à mesure qu'il avance. Chaque fois que le scribe reviendrait en arrière pour commencer une ligne nouvelle, le rouleau recouvrirait ce qu'il venait d'écrire.

A ma connaissance, il n'y a pas en égyptien d'écriture qu'on appelle boustrophède, parce qu'elle imite la marche des bœufs creusant des sillons. On la trouve surtout en grec dans de longues inscriptions sur pierre. Il semble qu'il ne faut pas voir là une idée religieuse ; c'est bien plutôt pour n'avoir pas à se déplacer. En Égypte, les grandes inscriptions sur les murs des temples comme celui de Karnak sont pour la plupart en colonnes verticales.

Les papyrus funéraires en hiéroglyphes sont en colonnes verticales, parce qu'ils remplacent les inscriptions murales des tombeaux. Les signes sont tournés à droite, mais dans la règle les colonnes du texte ne commencent pas de ce côté, elles commencent à gauche, parce que, comme le dit Lepsius, la disposition du texte devait être conforme à la marche de l'homme sur la terre. La vie était comme un jour solaire, elle partait de l'Orient, c'est-à-dire de la gauche, pour finir à droite, à l'Occident. Ce n'est qu'à une époque tardive qu'on commença les papyrus à droite, les colonnes marchant vers la gauche, tandis que les signes sont toujours tournés à droite.

Lorsqu'on se mit, à l'époque de la XXIe dynastie, à écrire les papyrus en hiératique, le livre, comme tous les rouleaux, commença à droite et se dirigea vers la gauche. Néanmoins les vignettes qui représentent le défunt sont tournées vers la droite, vers l'occident, qu'il doit atteindre.

Chapitre XII

La transcription des hiéroglyphes

Depuis le moment où l'on a su lire les hiéroglyphes, la question s'est posée : comment les transcrire en caractères de nos langues, c'est-à-dire en alphabet romain ? Pour Champollion, la question n'existait pas, parce qu'il n'admettait pas que les hiéroglyphes fussent transcrits autrement qu'en caractères coptes dont il faisait ensuite le mot tel qu'il est en copte, ou bien il traduisait les hiéroglyphes par un mot copte. Ainsi ⸻ oⲃⲟ C. oⲃ̄ⲟⲉ, ⸻ ⲉⲣⲧ C. ⲉⲣⲱⲧⲉ, ⸻ ⲟⲩⲧⲛ C. ⲟⲩⲉⲓⲛ, ⸻ ⲥⲡⲍ C. ⲥⲡⲟⲧⲟⲩ, ⲥⲟⲟⲧⲟⲩ, ⸻ ⲟⲓⲙⲛ C. ⲟ̄ⲟⲥⲙ, ⲟ̄ⲁⲥⲙ, ⸻ ⲟ̄ⲃⲥ C. ⲟ̄ⲃⲱⲥ. Très souvent le copte diffère de la transcription par l'addition des voyelles. C'est que Champollion ne tient pas compte de ce que nous avons développé précédemment : que dans beaucoup de mots, ce qui est considéré comme un caractère alphabétique simple est encore une syllabe ouverte, c'est-à-dire une consonne suivie d'une voyelle. Ainsi dans le mot ⸻ l'⸻ est encore la syllabe ⸻, le copte ⲟ̄ⲟⲥⲙ nous l'indique. ⸻ ⲙⲛⲍ C. ⲙⲛⲟⲧ. La voyelle nous est indiquée par le mot ⸻ où la voyelle qui doit être prononcée entre les deux consonnes est placée à la fin du mot. Champollion n'a jamais songé à une autre transcription.

Celui qui a suivi son principe, et qui est resté fidèle à la transcription en lettres coptes, c'est Chabas. Il exposa son point de vue en premier lieu dans une discussion qu'il eut avec E. de Rougé. Cette discussion se déroula d'abord dans deux articles publiés dans la Zeitschrift de 1866. Le premier en date, quoiqu'il ait paru le dernier, est une lettre de E. de Rougé à Lepsius, dans laquelle il fait ressortir l'utilité qu'il y aurait à s'entendre sur la transcription des mots égyptiens, mais d'emblée il écarte Chabas qui, persistant à transcrire par le copte, se plaçait lui-même en dehors de la question qu'il désirait voir résolue. A ce moment, Brugsch avait proposé une transcription à laquelle il renonça à la suite d'une conversation avec E. de Rougé. Celui-ci insista sur les avantages d'une transcription en lettres ordinaires, et en proposa une, établie sur les principes du Standard Alphabet de Lepsius. Il s'agit de fixer le nombre des articulations à représenter, et de choisir pour chacune d'elles la lettre qui se concilie le mieux avec les renseignements que nous possédons. Là, ce qui importe, c'est que la lettre soit adoptée d'un commun accord. E. de Rougé proposa un alphabet qui comprendrait 21 lettres dont cinq voyelles.

Il demanda d'abord s'il est nécessaire de distinguer les trois nuances $\dot{a}$, a, $\bar{a}$ tout en admettant qu'il faille noter $\dot{a}$, a et $\bar{a}$, il lui semble que dans un dictionnaire ces trois caractères devraient entrer dans le même article. $\dot{}$ et $\dot{}$ joueront tous deux le rôle de semi-voyelle et de voyelle vague. Parmi les consonnes, il n'admet pas le g pour $\dot{}$ puisque les Coptes ont conservé la lettre égyptienne spéciale σ à côté du γ grec.

De même, il n'admet pas d pour $\dot{}$ quoiqu'on trouve le ⸗ dans les transcriptions sémitiques ; les Coptes ont écarté le δ de leurs radicaux et lorsqu'ils rencontraient le d dans un nom étranger, ils se servaient du groupe *nt*. Rougé transcrivait donc ⊂⊃ par *t̬*.

Il conserve le χ grec pour ⊘ mais il convient que cette lettre sort de l'alphabet latin.

Il distingue les aspirations ⊓ et ⸙ quoique les Coptes les aient réunies dans le ϩ : ⊓ est *h* et ⸙ *ḥ*. En somme, il présente une transcription qui diffère très peu de celle que Lepsius fit adopter plus tard.

Chabas (1) s'attaque à ce travail dans un article de la Zeit-schrift, mais il cite d'abord un article plus ancien d'E. de Rougé et expose son point de vue en ces mots : « *Je crois qu'au point où en sont les dissidences il serait facile de s'entendre.* Sur ce chapitre je me permets de différer complètement d'opinion avec mon honorable confrère égyptologue. D'une part je répèterai, et avec une conviction plus intime que jamais, que la question de transcription n'a d'importance que dans les cas où il s'agit de remplacer des phrases que l'on ne cite pas textuellement. Quand tel est le cas, la condition à remplir est à mon avis bien facile à définir : *remplacer les groupes hiéroglyphiques par les équivalents les plus propres à faire reconnaître les mots égyptiens.* Cette condition, je crois que la transcription en lettres coptes la réalise le mieux possible, ou du moins le moins mal possible, car rien ne saurait remplacer les types hiéroglyphiques. »

Voilà donc en peu de mots ce que pense Chabas de la transcription en général. Il a développé son point de vue dans l'introduction du livre qu'il a consacré à l'étude du papyrus

____

(1) Œuvres diverses, III, p. 67.

Anastasi I. Là, il soutient par des arguments dont on ne peut nier la valeur, que la seule transcription acceptable est en lettres coptes, puisque nous n'avons à notre service que la langue écrite, et que nous n'arriverons jamais à la prononciation de l'Égyptien ; nous n'en avons que des rapprochements qui sont présentés par le copte et dont nous devons nous contenter.

Chabas considère comme irréalisable de représenter approximativement en lettres européennes l'écriture hiéroglyphique, et aussi de représenter d'une manière certaine en lettres européennes les sons de la langue égyptienne. Et il ajoute : « Ce qui nous paraît absolument juste, c'est ce dernier problème que s'étaient posé les créateurs du copte, et beaucoup mieux que nous ils étaient en position de le résoudre. Leur solution a été l'alphabet qu'ils nous ont transmis. »

On sait que le point de vue de Chabas est celui que nous avons soutenu par des arguments un peu différents, dans le chapitre sur les deux langues égyptiennes, la langue écrite et la langue parlée. Mais nous verrons plus bas pourquoi il ne nous est pas possible d'aller aussi loin que lui et de nous ranger complètement à sa conclusion ; que le système le plus naturel consiste à appliquer l'alphabet copte à la transcription des hiéroglyphes toutes les fois qu'il s'agira de représenter alphabétiquement les mots de la langue égyptienne dans des dissertations philologiques. Chabas constatait qu'à l'époque relativement récente de la formation du copte, la langue que parlaient les Égyptiens n'était pas d'un type uniforme ; il y avait des différences dialectiques notables qui sont les trois dialectes connus au moment où il écrivait ; il est extrêmement vraisemblable que dès les temps pharaoniques la langue égyptienne se subdivisait aussi en dialectes plus ou moins tranchés, mais qu'il est fort difficile de reconnaître dans ce qui nous reste de la langue écrite. Il y avait des dialectes qui, partout sauf chez le clan inventeur de l'écriture, sont plus anciens que la langue écrite. Il est possible qu'on retrouve des traces de ce parler populaire dans l'écrit, mais c'est une erreur de croire que ces dialectes étaient une déviation de la langue écrite. « Si nous ne pouvons distinguer et classer les formes dialectiques anciennes, il est essentiel que nous sachions qu'elles existent ; il faut que nous nous attendions à être arrêtés par des orthographes et des tournures exceptionnelles pour nous, même dans des phrases fort simples, et nous devrons, dans ces occurrences, nous garder de suspecter la correction des textes. » Cela nous paraît très judicieux ; c'est du reste ce que nous avons toujours soutenu : que les variations que nous pouvions constater dans les textes provenaient du langage parlé ; les scribes introduisaient dans ce qu'ils écrivaient des formes ou des mots qui appartenaient à leur langage. C'est ce que nous voyons constamment de nos jours, surtout dans les lettres.

Chabas revient sur sa transcription en copte : c'est que l'alphabet copte a des titres traditionnels incontestables, qu'il a été formé il y a une quinzaine de siècles, de manière à servir d'organe à la langue égyptienne qui était alors vivante. Il est impossible de nier le bien fondé de cette assertion. Néanmoins nous ne pouvons pas nous rallier à son point de vue de l'inutilité des transcriptions en lettres européennes ; car dit-il, tous les ouvrages pourvus de citations textuelles de transcriptions et d'analyses s'adressent exclusivement aux égyptologues, à qui la connaissance du copte est indispensable. Sans doute, mais cependant il est nécessaire que ceux qui veulent avoir une idée de ce que c'est que l'égyptien puissent s'en rendre compte sans avoir besoin d'étudier l'alphabet copte. Il en est de même pour toutes les langues orientales.

L'objection principale de Rougé, c'est que la transcription de Chabas produisait un faux copte, ce que réalisait parfaitement son adversaire, qui convenait bien qu'il n'arrivait pas à un copte grammatical, lequel cependant, mis à côté du copte vrai, faisait mieux comprendre l'ancienne langue.

Mais l'opposition la plus forte lui vint de Lepsius, auquel Chabas avait, le 3 janvier 1864, communiqué son intention bien arrêtée d'adopter la transcription copte. Peu de jours après, Lepsius lui écrivait : « L'objection la plus importante sera toujours le mélange et la confusion inextricable des mots vraiment coptes et des mots semblant coptes, confusion qui ne pourrait être évitée par l'adoption de deux genres de caractères coptes. Au cas où une transcription en lettres latines serait adoptée, il importe que tout son simple soit exprimé par une lettre simple. » Lepsius ne veut pas de *kh* pour ⊘, de *sh* ou *sch* pour 𓈙. Il adopte le grec χ pour ⊘ et, pour les caractères qui n'existent ni en grec ni en caractères latins, l'articulation la plus voisine marquée d'un point diacritique. Quoique Lepsius soit revenu à la question dans une lettre subséquente, Chabas resta inébranlable, et les deux savants, qui étaient pleinement d'accord sur d'autres points, demeurèrent séparés sur celui-là jusqu'à la fin.

Ni l'un ni l'autre ne vint proposer à Berlin, et propager l'adoption de la transcription qui parut d'abord dans la Zeitschrift de 1889. Ils étaient tous deux morts depuis plusieurs années. Mais ce qu'on peut affirmer, c'est que quand même ils partaient de points de vue opposés quant à la transcription, ils auraient l'un et l'autre été parmi les adversaires les plus décidés de celle qu'on produisait comme un système qui mettrait fin à toute discussion.

Bientôt après, en 1867, Brugsch faisait paraître le premier volume du travail qui depuis lors est devenu la base de tous les travaux d'interprétation des textes égyptiens, son Dictionnaire hiéroglyphique et démotique. La fin : le quatrième volume, parut l'année suivante. Le travail entier porte sur 4637 mots.

Il est clair qu'un dictionnaire exigeait que l'auteur donnât sa transcription et qu'il fixât l'ordre de son alphabet. C'est ce qu'il a fait à l'entrée du premier volume. Il compte 7 voyelles et 20 consonnes. Les 7 voyelles sont :

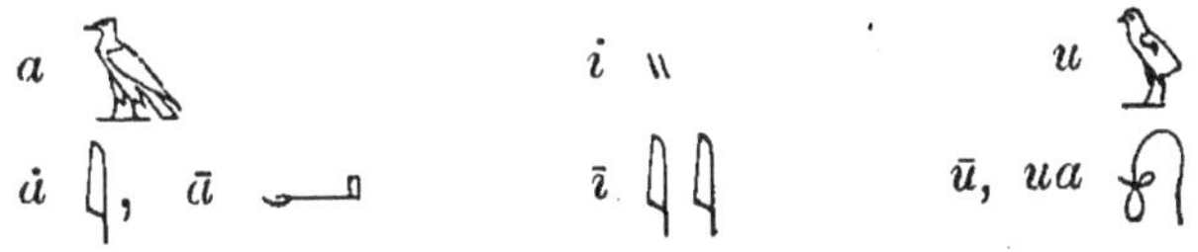

Parmi les consonnes, plusieurs, en particulier les gutturales et les dentales, sont distinguées par des points diacritiques. Il n'y a, en fait de caractères non romains, que le χ pour ◍.

Après ces quatre premiers volumes, Brugsch attendit jusqu'en 1882 pour reprendre son travail. Entre temps, en 1871, il publia sa grammaire qui est aussi précédée de la transcription, la même que celle du dictionnaire : 7 voyelles et 20 consonnes, parmi lesquelles le χ ◍.

Peu après, en 1874, Lepsius profita de la présence à Londres de huit égyptologues des plus marquants pour faire adopter une transcription à laquelle on s'en tiendrait désormais. Voici cette transcription, qui a été généralement employée jusqu'à l'apparition de celle de Berlin. Elle se compose de vingt-cinq caractères dont six voyelles :

a	*b*	*h*	*q*
à	*p*	*ḥ*	*χ*
ā	*f*	*s*	*t*
i	*m*	*š*	*θ*
ī	*n*	*k*	*ṭ*
u	*l*	*ḳ*	*t'*

C'est la transcription que Brugsch a adoptée dans les volumes 5 à 7 qui sont le supplément à son dictionnaire. Il y fait cependant de légères modifications : il admet une voyelle de plus. En outre, il fait un catalogue de 17 voyelles doubles ou demi-voyelles, dont plusieurs sont des diphthongues.

Quant aux consonnes, c'est lui qui à Londres avait fait adopter le θ pour une transcription qui a été vivement attaquée par Maspero, mais qui cependant est exacte, à condition de ne pas la généraliser pour tous les cas où se trouve le .

Il semblait que l'accord désiré par Rougé fût réalisé quand, en 1889, dans le premier numéro de la Zeitschrift, parut un article de la rédaction qui proposait une nouvelle transcription :

$ꜣ$	$ï$	n	s	t
i	b	r	$š$	$ṭ$
$ꜥ$	p	h	$ḳ$	d
w	f	$ḥ$	k	$ḏ$
y	m	$ḫ$	g	

Cette transcription diffère peu de la précédente pour ce qui concerne les consonnes, mais ce en quoi elle innove, c'est qu'elle n'admet plus l'existence des voyelles, toutes sont des consonnes et pour deux d'entre elles on admet des signes qui n'appartienent à aucune langue, et que l'on ne peut pas lire.

Il est évident que cette transcription part du principe que la langue égyptienne est une langue sémitique ; or, pour que MM. Erman et Sethe puissent établir qu'il en est ainsi, il faut que l'écriture soit une écriture sémitique, c'est-à-dire que comme les écritures sémitiques récentes telles que l'hébreu et l'arabe, elle n'ait point de voyelles, à l'inverse de ce que nous voyons dans le cunéiforme, le sémitique ancien, et surtout il faudra qu'aucun mot ne commence par une voyelle. Pour cela, il n'y a qu'à appeler consonne la première lettre du mot, ou à affirmer, si décidément cette première lettre est une voyelle, qu'il y avait devant une consonne qui est tombée en copte. L'exemple cité prouve exactement le contraire de la thèse allemande : usw. sind dreiradikalig (Infinitiv ⲱⲧⲡ, ⲱⲛⲣ, Qualitativ ⲟⲧⲡ, ⲟⲛⲣ, also wie ⲣⲱⲧⲃ, ⲣⲟⲧⲃ). Il faut faire de ces deux mots égyptiens des mots à trois consonnes, par conséquent et dans sont des consonnes dont il est impossible de connaître la valeur parce qu'elles ont disparu en copte. J'admets que la présence de consonnes est nécessaire à la reconstruction de l'égyptien tel que l'entendent les savants allemands, mais qu'est-ce que ces consonnes, et comment se fait-il que les Coptes ne s'en soient nullement préoccupés ? Pour nous, la question est très simple. Le copte est la langue parlée, et les scribes coptes qui voulaient reproduire la langue populaire écrivaient ce qu'ils entendaient. Nous avons déjà insisté précédemment sur ce que le son des voyelles était très variable suivant les mots, 𓅭 pouvait être prononcé ω, à ce qu'on nomme un infinitif, et o dans un participe. On nous dit qu'il en est comme dans le mot ϩⲱⲧⲃ qual. ϩⲟⲧⲃ que M. Spiegelberg dit être ⸗⌒⸗. (1) Or, si nous recherchons la forme la plus ancienne de ce mot, nous la trouvons dans les textes des Pyramides, écrit 𓏏⌒𓆷 (2) où l'une des versions a 𓅭𓆷. (3) Il y a donc dans le mot la voyelle 𓅭, qui, comme dans le mot 𓅭𓂋𓃒, peut être prononcée ω ou o. On ne veut pas tenir compte de ce qu'un même signe vocalique peut avoir des prononciations différentes dans un mot, même dans nos langues ; dans *être* l'*e* peut être long et muet ; dans *été* l'*é* final sonne autrement que l'*é* initial.

Avant de poursuivre les objections que nous avons à cette transcription, nous examinerons celles qui ont été présentées au moment où elle parut.

---

(1) Ou ⸗⌒⸗.

(2) Pyr. 635.

(3) Budge, Dict. 534 a, 575 a.

L'un des premiers à s'élever contre la transcription de Berlin fut Eisenlohr (1) à l'occasion d'un article qu'il publia sur le traité de Sethe sur le verbe. Il n'admet pas que l'égyptien puisse être regardé comme une langue sémitique, et maintient que l'égyptien a des voyelles lesquelles sont marquées dans le démotique, dans les papyrus à transcriptions grecques, ainsi que l'ont montré Leemans et Hess. Il examine chacune des voyelles l'une après l'autre, mais surtout il fait au système le reproche fondamental qu'il ne réalise pas la condition élémentaire d'une transcription : c'est d'être lisible. C'est du reste ce à quoi nous avons fait allusion à plusieurs reprises. Une transcription est destinée à remplacer les signes de la langue étrangère par ceux d'une de nos langues, et non par des signes qui n'existent dans aucune langue, qui sont de nouveaux hiéroglyphes dont personne ne connaît la valeur, et qu'on ne peut pas lire. Si je remplace 𓄿 par ꜣ, en quoi suis-je avancé, puisque je suis incapable de donner un son à ce nouveau signe ?

L'opposition partit aussi d'autres côtés. Maspero, dans ses études sur la vocalisation, s'en tient à la transcription ancienne. L'un des adversaires le plus déterminés fut Le Page Renouf, (2) dans un mémoire qu'il présenta au Congrès des Orientalistes de Londres en 1892. Ce mémoire, quoiqu'il ait été passé sous silence par les coryphées de la transcription allemande, est d'une grande valeur parce qu'il est dû à un savant qui avait une connaissance approfondie des langues sémitiques. Le titre

(1) Sphinx III, 228.
(2) Life Work II, p. 153.

du mémoire est une question : « Are there really no vowels in the Egyptian alphabet ? » La réponse se trouve déjà dans les premières lignes du mémoire : « Les Égyptiens avaient certainement des signes exprimant les voyelles dans leur écriture, mais ils n'avaient pas d'alphabet. Les signes phonétiques des Egyptiens constituent, non pas un alphabet, mais *un syllabaire*. Ils représentent, non pas des voyelles et des consonnes, comme telles, mais tous les sons nécessaires ou utiles à l'écrivain. » Si ces syllabes sont simples ; *a, i, u*, elles doivent nécessairement avoir des signes qui les représentent, et aucun syllabaire connu n'est dépourvu de ces signes.

Il est clair qu'une voyelle peut être omise quand elle fait partie d'un signe syllabique. L'un de ces signes peut être employé comme consonne. Dans ce cas il y a des alphabets, comme le sanscrit, qui a le virama indiquant l'absence de la voyelle inhérente. D'autres alphabets ne l'ont pas, tels que l'alphabet cypriote syllabique aussi et qui, ayant à écrire *Menocrates* écrit *Me-no-ke-ra-te-se*; *Krataios Ka-ra-ta-i-o-se*. Nous avons montré qu'il en était de même en cunéiforme, et qu'il doit forcément en être ainsi pour tout alphabet qui n'a que des caractères syllabiques. Ce qui, à notre sens, a fait de ces caractères syllabiques des consonnes pures, c'est la prononciation qui laissait tomber les voyelles.

Dans le volume 46 de la Deutsche morgenländische Gesellschaft, Steindorff reprend la question *ab ovo* ; nous nous attacherons seulement à ce qui concerne les voyelles, sur lesquelles les opinions diffèrent, tandis qu'elles sont presque unanimes sur les consonnes. Steindorff commence par rayer des voyelles, et même des signes spéciaux, le 𓇋𓇋 que nous persistons à appeler un *i*. Il s'appuie sur le fait que dans les textes de l'Ancien Empire on ne trouve jamais l'𓇋 𓇋 comme voyelle radicale au commencement d'un mot. C'est là une erreur. Dans les textes des Pyramides nous rencontrons des mots comme 𓇋𓇋 𓁹 𓇋𓇋 ⌄ 𓇋𓇋 ⌄ sans parler d'exclamations. Steindorff admet qu'on le trouve au duel ; mais alors il faut le considérer comme une double voyelle 𓇋 + 𓇋 et dans beaucoup de cas, comme dans les verbes c'est un 𓇋 ajouté à la voyelle radicale 𓇋. M. Steindorff ne tient pas compte de ce que quantité de qualificatifs ou d'attributifs, comme je les ai appelés (1) 𓏏𓇋𓇋 𓂻 𓆓 𓅪 ⌄ (2) *trouvé intact.* Là l'𓇋𓇋 est certainement une seule lettre qui forme le qualificatif.

M. Steindorff passe aux quatre autres signes où nous voyons des voyelles. ⌇⌇ est sans aucun doute une consonne, parce qu'il rend l'*y* dans les transcriptions du sémitique, et que le sémitique aussi transcrit toujours le ⌇⌇ par un *y*. Mais Le Page Renouf a déjà montré que les Égyptiens, prenant dans l'*y* sa valeur vocalique, n'avaient pas le son guttural de cette consonne. Ce qui le prouve le mieux, c'est le groupe 𓂝𓅐. Du reste, nous avons déjà fait remarquer, à propos de transcriptions, que c'est une erreur de supposer que les lettres correspondent absolument d'une langue à l'autre. Chacune transcrit les articulations qu'elle a dans son alphabet. En copte, il en est comme en grec, il n'est tenu aucun compte de la valeur consonantique de l'*y* qui est toujours transcrit

---

(1) Sphinx, vol. XIV, p. 189.
(2) Pap. Abbott, passim.

par une ou plusieurs voyelles ou une diphthongue. Ainsi ⳁ est ⲱϣⲙ, mais comme la théorie veut que ce soit un mot à trois consonnes, on suppose à l'entrée du mot une consonne qu'on marque par un ᶜ. Cette consonne n'existe dans aucun mot copte, elle a complètement disparu et pourtant c'est dans la langue parlée qu'elle devrait se faire entendre. Mais comme l'égyptien doit être une langue sémitique à mots à trois consonnes, il faut absolument inventer les consonnes nécessaires. La théorie l'exige.

ⳁ correspond exactement à l'hébreu ו, c'est une demi-voyelle qui est tout semblable à l'anglais *w* par lequel on le transcrira. Nous n'hésitons pas à dire que cette transcription est inexacte. En allemand, le *w* est une consonne pure, un *v*. En français, dans tous les mots où l'on ne cherche pas à imiter l'anglais, comme dans le mot *wagon*, c'est aussi un *v*.

En anglais,(1) le *w* a le double usage d'être une consonne et une voyelle. C'est une consonne au commencement de mots et de syllabes comme dans *well, forward*, et c'est une voyelle à la fin des syllabes, comme dans *new* et *vow*, mais il ne paraît jamais à la fin d'une syllabe sauf quand il est joint à une autre voyelle. Jamais *w* ne se trouve isolèment pour indiquer le phonème ⲟⲩ, il est toujours associé à une voyelle. A la fin d'une syllabe il peut être muet *throw*.

Voyons maintenant la forme que prend un mot transcrit d'après ce principe. Il s'agit du mot ⳁ⳥, en copte ⲟⲩⲱⲧⲃ. D'après la transcription *wtb*, le *w* ne peut être qu'un *v*. En

____

(1) Webster, Dict. sub *w*.

copte c'est ⲟⲩ. Or il est impossible d'appeler ⲟⲩ autrement que voyelle, et même dans beaucoup de cas une voyelle brève. Le grec, pas plus que le latin ou le français, n'a de signe spécial pour *ou* et est obligé de le représenter par deux lettres, quoique ce soit un son bref comme dans le français *ouvrir*. Dans le mot ⲟⲩⲱⲧⳟ la voyelle du début est diphthonguée dans la prononciation, comme cela arrive volontiers dans les langues parlées. Cette diphthongue peut parfaitement être représentée par une seule lettre, comme dans l'anglais *one* qui est prononcé *ouone*. La transcription *wtb* est fautive ; elle l'est encore plus dans *iwnw* pour ⵊ. M. Ranke (1) citant cette ville telle qu'elle est écrite en assyrien, *Ana*, dit qu'à l'époque de la XIXᵉ dynastie le *w* du signe ⵊ avait déjà disparu. Je ne sais où trouver un exemple de cette lecture ⵊ pour le signe ⵊ. M. Ranke suppose cet ⵊ pour expliquer la lecture Ων. Nous avons montré ailleurs d'où venait cet ω. Et ce que les Égyptiens lisaient Ων, ils l'auraient écrit ⵊ, les deux ⵊ étant des *w*, c'est-à-dire des *v*, cela supposerait qu'ils devaient chacun précéder une voyelle. Je ne sais pas si on a jamais vu le nom d'Héliopolis écrit de cette manière.

L'ⵊ est une consonne, car il est souvent prosthétique dans un mot comme ⵊ et si par hasard la troisième lettre est un ⵊ, c'est la troisième consonne demandée. On remarquera que dans les textes des Pyramides ⵊ peut être écrit avec l'ⵊ prosthétique ou ne pas l'avoir, suivant les versions d'un même passage (1597). C'est donc une question de prononciation. Dans

---

(1) Zeitschrift, vol. 58, p. 135.

certains passages (456) 𓇋 paraît remplacer 𓇋𓅆. En copte, le mot est ⲉⲣⲱⲧ. Nous avons vu comment était rendu l'ⲱ avant la consonne finale. ⲉⲣⲱⲧ est exactement le mot qu'on trouve dans les textes des Pyramides. L'ⲉ provient de l'𓇋 du mot hiéroglyphique, et il n'y a aucun motif quelconque de le considérer comme une consonne.

𓅐 est une consonne parce qu'on en a besoin pour avoir un radical à trois consonnes, et qu'on affirme qu'en égyptien aucun mot ne commence par une voyelle. Par conséquent, dans le mot 𓅐𓊪𓅆, 𓅐 n'est pas la voyelle initiale du mot ⲱⲧⲡ; c'est une consonne imaginaire qui doit avoir existé devant l'ⲱ, mais qui a disparu. C'est donc uniquement à la faveur d'une hypothèse qui n'a pas même la vraisemblance que 𓅐 est une consonne, au lieu d'être une voyelle simple dont la prononciation a varié.

En 1896 M. Erman a repris la question dans un article de la Zeitschrift. Cet article s'appuie entièrement sur Steindorff. M. Erman demande deux transcriptions, l'une par les philologues qui n'indiquera que ce qui est écrit et qui supprimera toutes les voyelles, même l'ⲉ qu'on trouve en copte, et qui par conséquent ne sera pas lisible, et l'autre qui sera approximative et qui indiquera les noms avec une prononciation qui puisse être employée dans les travaux qui ne sont pas de la philologie pure.

Ici nous nous permettrons de faire observer à M. Erman qu'il va trop loin. Il considère que les caractères sont des lettres alphabétiques comme les nôtres, tandis qu'elles ont été à l'origine des syllabes ouvertes, c'est-à-dire une consonne

précédée ou suivie d'une voyelle. Nous avons insisté à plusieurs
reprises sur le fait que la syllabe ouverte était devenue une
lettre alphabétique parce que dans la prononciation, qui exigeait des lettres alphabétiques, la voyelle était tombée, mais
pas toujours ; la consonne a souvent conservé sa voyelle.
Presque toujours nous l'ignorons, mais quand nous la connaissons nous devons l'indiquer. Ainsi le mot ⸺ doit être lu
hotep, l' initial a conservé sa voyelle . Dans le nom de
 la première lettre se lisait *so*, les transcriptions
grecques nous l'indiquent, et là où nous ne connaissons pas la
voyelle, elle peut être indiquée par l'e comme en copte, où
cette voyelle est constamment omise. Par conséquent la transcription *Sobek-hotep* me paraîtrait plus juste que *Sbkhtp* qu'on
ne peut pas prononcer et que les Égyptiens n'auraient pas pu
lire. Je conviens que ces voyelles ne peuvent pas être indiquées de la même manière que les signes écrits, mais alors
je les mettrais en italiques. Dans le nom que j'ai cité, *o* et *e*
seraient indiqués de cette manière. Quand nous avons reconnu
la vocalisation, il y a lieu de la transcrire, tout en faisant
comprendre par la différence de caractère que ces voyelles ne
sont pas distinguées dans l'écriture, elles font partie du signe
qui a l'air d'une simple consonne.

Pour ce qui est des signes et , les premiers
égyptologues y ont vu des voyelles, nous dit M. Erman ; ils
ont été induits en erreur par les noms grecs et romains, et
ils n'ont pas su voir que la formation de ces caractères n'avait
rien de commun avec celle des caractères anciens ; on ne
devrait pas répéter sérieusement leur affirmation. Aujourd'hui

on ne peut plus admettre qu'on transcrive ⟨ par *aner*, par *atep* et ⊙ par *Ra*. Nous n'hésitons pas à affirmer que ces transcriptions que repousse M. Erman sont plus exactes que les siennes. M. Erman est toujours possédé de l'idée de faire des mots à trois consonnes pour prouver que l'égyptien est sémitique.

L' est une consonne, *wn*, ⲟⲩⲱⲛ, ainsi deux radicales comme dans ⲕⲱⲧ. Depuis quand le son ⲟⲩ est-il une consonne ? Le mot *ouvrir* commence donc par une consonne, ainsi que les mots grecs οὐκ et οὖν. Nous répétons ce que nous avons déjà dit à plusieurs reprises. Les Coptes écrivaient comme ils prononçaient. Ils diphthonguaient les voyelles, comme nous le voyons encore dans nos langues. Si l'on écrivait comme on le prononce le mot anglais *one*, on écrirait *ouone*, et ce serait un mot à deux consonnes comme l'égyptien ⲟⲩⲱⲛ. Quant au mot , il n'y a aucune raison d'appeler une consonne ; c'est une voyelle, le son ⲟⲩ n'est pas autre chose, et la transcription *uṭaï* est correcte, et non *wḏȝ* qui ne peut pas se lire et qui n'est qu'un produit semitico-égyptien qu'il faut à toute force obtenir.

Comme pour le , c'est le copte qui nous enseigne que est une consonne ⲱⲛϩ est à trois radicales comme ⲥⲱⲧⲙ, le correspond, non à la voyelle ⲱ, mais à l'ʿ ; au commencement du mot il a entièrement disparu, « spurlos verschwunden ».

Quant à la transcription *Ra* pour ⊙ que M. Erman considère comme fautive, il cite cependant la transcription hébraïque, *Potiphera* et *Hophra* où le mot final est le même que lorsqu'il est au commencement. On ne niera pas qu'il doit se lire Ramsès, de même que dans la transcription grecque *Αμονρασωνθηρ* 𓇳... . Il est clair qu'on lisait *Amon Ra* et non pas Rê comme le veulent les Allemands.

𓇋 n'a pas disparu dans tous les mots coptes, mais se montre comme la consonne *j* 𓇋 en copte ⲉⲓⲱⲧ, ces trois voyelles ⲉⲓⲱ de la prononciation sont donc écrites par la consonne *j*. De même le mot *père* qu'on lit ⲉⲓⲱⲧ ou ⲓⲱⲧ sera écrit par deux consonnes *jt*. Cependant dans les finales 𓇋 pourra être un *i* quand il est redoublé 𓇋𓇋 et il est devenu ainsi un '.

𓏏𓄿 et 𓇋 ont en général disparu en copte, « tandis que dans la grammaire elles comptent comme consonnes ». Dans quelle grammaire ? Il ne peut y en avoir d'autre que celle de la langue parlée, qui est le copte.

Ainsi dans la langue écrite on a inventé plusieurs caractères qui n'existent pas dans la langue parlée. On se demande alors quel était le but de ceux qui ont inventé l'écriture ; ce n'était donc pas de rendre ce qu'ils disaient ou entendaient.

Nous avons insisté à plusieurs reprises sur ce que la seule raison d'être de l'écriture, c'était, comme le dit aussi Saussure, de représenter la langue parlée, et non pas une entité qui n'existe qu'en théorie. Il est donc impossible d'admettre que l'écriture avait inventé des caractères que la langue parlée ne connaissait pas, qui n'auraient servi à rien et qui n'auraient eu d'autre usage que de justifier les théories des grammairiens d'aujourd'hui. Si dans la langue parlée ces caractères 𓏏𓄿 sont toujours des voyelles, il n'y a aucune raison de les appeler des consonnes autre que le besoin de faire, coûte que coûte, de l'égyptien une langue sémitique.

Comment transcrirons-nous donc les hiéroglyphes, comment mettrons-nous ces caractères en lettres ordinaires, en un alphabet en usage dans toutes les langues européennes, ce qui veut dire avec quelques différences en alphabet latin ?

Ici nous nous trouvons en face de difficultés sérieuses. Nous voulons autant que possible remplacer l'hiéroglyphe par une lettre unique, et nous sommes comme les écrivains coptes devant l'alphabet grec. Celui-ci n'avait pas tous les caractères qui composaient les mots de leur langue ; il a fallu en ajouter six. Or nous trouvons plusieurs articulations égyptiennes pour lesquelles nous n'avons pas de lettre simple. Voici par exemple le 𓐍. Aucune lettre en français ne peut rendre cette gutturale qui n'existe pas dans la langue. En revanche, c'est l'allemand *ch* et dans les dialectes de la Suisse alémanique le *k*. Là seulement elle est exprimée par une seule lettre, mais dans des cas au moins aussi nombreux, c'est la gutturale du *k* qui correspond exactement au 𓄡. Pour avoir une lettre qui soit vraiment le 𓐍, il faut revenir au grec χ.

Un second cas est celui du 𓈙, en allemand *sch*, en anglais *sh*, en français *ch*. Ici encore, dans aucune langue, nous n'avons une lettre unique pour rendre cette articulation.

Un troisième est celui de 𓆓 dont les Coptes ont fait le ϫ. Cette articulation est assez bien rendue par l'anglais *j* dans les mots comme *Jack* ou *John*, ou par *dg* dans les finales telles que *lodge*. L'italien le rend par *gi*, *giorno*. Ici encore nous n'avons aucune lettre rendant ce son, car l'*J* est partout ce qu'on nomme *I consonne*, et son emploi comme lettre de transcription supposerait toujours la présence d'un *i*.

Si l'on voulait suivre l'usage des Coptes, il y aurait trois lettres à inventer, ϭ, ϣ et ϫ.

Une quatrième serait le ϧ, cette aspirée qui n'existe en grec que sous la forme de l'esprit rude. On n'a pas cherché des signes qui correspondent aux deux nuances de cette aspirée ꜣ et ⊓. Les Coptes ont trouvé qu'un seul signe suffisait. Nous avons l'*h* qui correspond aux deux lettres hiéroglyphiques, et qui se prononce d'une manière très différente suivant les langues. En français, l'aspiration n'existe pas comme prononciation ; elle est muette dans des mots comme *l'habit*, tandis que dans des mots comme *la hauteur, la hardiesse,* elle ne sert qu'à produire l'hiatus.

Le ϭ ne correspond pas à une lettre de l'alphabet hiéroglyphique ; c'est une manière de prononcer le ⊿, le ⍓ ou le ⊔ de la langue littéraire. Enfin le ϯ *ti* est un reste de l'ancienne écriture. C'est une syllabe ouverte, consonne et voyelle, comme étaient à l'origine tous les caractères alphabétiques.

⬭ ꜣ peut, suivant les cas, être transcrit *r* ou *l*, ces deux articulations diffèrent fort peu. Encore aujourd'hui, dans la plupart des langues du Soudan ou des langues Bantou, il est indifférent qu'on prononce *l* ou *r*. (1)

Si nous voulons adopter une transcription des hiéroglyphes, plusieurs difficultés se présentent. Il faudrait, comme les Coptes, inventer un certain nombre de caractères. On l'a fait pour des recherches philologiques, mais il faudrait pour cela un accord entre les égyptologues, et cela obligerait les imprimeurs à

____

(1) Meinhof, Zeitschrift, vol. 49, p. 7.

fondre un petit nombre de caractères nouveaux qui n'existent dans aucune langue, et que ne pourraient lire qu'un petit nombre d'initiés. Il y a certainement grand avantage à s'en tenir à l'alphabet latin, à renoncer même au χ qui rendrait exactement le ⊘.

Il y a certaines lettres grecques dont les Coptes n'ont pas voulu, ainsi le δ, le *d* ne se trouve jamais dans un mot égyptien, de même que le γ. Dans les hiéroglyphes nous avons trois signes pour *t* ⌒ ▭ ▭, même quelquefois ⸗. Pour tous ces signes, le copte n'en a qu'un, le Τ, il n'y a pour eux qu'une dentale, les trois signes hiéroglyphiques correspondent à trois nuances dans la prononciation, et la preuve, c'est qu'ils varient entre eux. Quelques mots sont écrits avec ⌒ et ▭, ou ⌒ et ▭; ▭ est considéré par Brugsch comme le θ grec, et il est certain que dans beaucoup de mots il doit avoir cette prononciation, mais non pas dans les pronoms personnels ▭. Il y a des papyrus comme celui de Londres que j'ai appelé *Ai* et où le ⌒ est presque partout remplacé par ▭. Si donc nous transcrivons partout ▭ par θ, dans beaucoup de cas cette transcription est fausse. Il en est de même si nous faisons de ▭ un *d*. On peut se demander s'il ne faut pas imiter les Coptes et transcrire les dentales par un seul signe, mais cependant, comme les hiéroglyphes les distinguent, il y a avantage à suivre les hiéroglyphes. J'irai même jusqu'à transcrire ▭ par *d* quoique dans le pronom ▭ on ne puisse pas admettre une autre prononciation que *ten.*

Il en est de même pour la gutturale forte, le *k*. Le γ n'existe pas en copte. Existe-t-il dans les hiéroglyphes, où nous voyons trois signes pour cette gutturale, ⌓, ⌒ et ⌘, qui indiquent des nuances entre ces trois lettres? Brugsch et Erman considèrent que ⌓ est l'hébreu ק et le transcrivent *k* tandis que ⌒ est le כ et sera transcrit *k*. Ces deux lettres différaient fort peu dans la prononciation, car elles sont souvent employées dans le même mot; en revanche, elles alternent moins avec ⌘ et il semble bien d'après les mots étrangers qu'on puisse y voir le *g*; néanmoins le copte ne fait pas de différence entre ces lettres et les lit toutes trois *k*.

Faut-il dans la transcription poser en principe qu'on n'emploie jamais de lettre double? Cette question surgit à propos de deux signes pour lesquels nous n'avons pas d'équivalent dans les lettres latines, le ⊘ et le ⌐. Pour le ⊘ même en allemand où existe cette consonne, elle est rendue par une lettre double *ch*, du moins dans la langue littéraire, car dans les dialectes suisses, c'est le son du *k*. Dans les noms arabes où existe cette aspirée, on la rend, soit en français, soit en allemand, par *kh* ou *ch*, par conséquent je n'hésite pas à conserver une lettre double pour ⊘, que je transcrirais *kh*. La transcription de Berlin le lit *ḫ*. Une barre sous le signe peut bien indiquer une légère modification dans la prononciation de la lettre, mais lorsqu'il s'agit de changements aussi considérables que le passage de l'*h* à l'aspirée *ch*, quand il s'agit de signes qui ne sont pas employés l'un pour l'autre, quand l'⌀ et le ⊘ ne sont pas des variantes dans le même mot, vous n'avez pas le droit de les assimiler et de considérer le ⊘ comme une variante du signe que vous employez pour l'⌀, il n'en est pas comme du ⊐ et du ⌀, les Égyptiens considéraient le ⊘ et le ⌀

comme deux signes tout à fait différents. En copte, le dialecte de la Basse Égypte a inventé un caractère ⲝ pour le ⊘ ou ⇌ tandis que le Sahidique en a fait un ϧ. Ici, à mon sens, nous sommes forcés d'adopter le double caractère *kh*.

Pour ce qui est de ⌐, il est certain que l'anglais *j* le *dg*, et l'italien *gi* en rendent assez bien la prononciation, mais nous ne pouvons guère employer ces lettres comme transcription. La lettre double *dj* est ce qui approcherait le plus de l'égyptien. En hébreu le ⌐ et ses homophones ⌐ et ⌐ sont en général transcrits par צ, beaucoup plus rarement par ן. Les Grecs, qui n'avaient pas de caractère correspondant à צ l'ont transcrit de toutes sortes de manières : σ τ δ, ζ. Il nous semble que si l'on voulait trouver un caractère unique approchant de ⌐ ce serait ז qu'il faudrait adopter, quoique l'équivalence soit loin d'être complète. A défaut de ז ce serait le double caractère *dj*.

La transcription que nous voudrions proposer doit d'abord réaliser une condition qui me paraît élémentaire. Elle doit être lisible. Elle doit être formée d'articulations dont la prononciation est connue. Cela veut dire que je rejette absolument les signes cabalistiques qui n'appartiennent à aucune langue et auxquels on ne peut attribuer aucune prononciation. Je lis dans un livre qui vient de paraître (1) et dans la traduction d'une inscription de sarcophage que le père du défunt s'appelait ⬚⎓⧘, transcrit *Pẕ-di-ꜥꜣ-s* dont le traducteur M. Gardiner fait avec raison *Peteos*. Mais, je le demande, à quoi sert cette transcription ? elle ne répond à rien, elle ne donne pas une lecture, autant

______

(1) Petrie, Tomb of the Courtiers, p. 19.

vaut s'en passer et en rester aux hiéroglyphes. Il semble bien que ce sarcophage est de l'époque ptolémaïque et que le nom doit être un nom grec mis en égyptien. Mais alors quand les Égyptiens ont voulu le mettre dans leur langue, ils lui ont donné une forme où une syllabe au moins leur était familière, la syllabe ⬚ *pet* qu'on trouve dans un grand nombre de noms propres. Quant à ⬚ nous le trouvons vocalisé en copte en ⲁⲟ, ⲉⲓⲱ, et le nom serait *Petaos* ou *Peteios* ; la transcription serait assez exacte.

Qu'on regarde le dictionnaire de M. Erman, qui est fondé entièrement sur la transcription allemande. La première lettre ⬚ est certainement une voyelle ; cette voyelle pourra avoir un son différent suivant les mots. Voici le mot ⬚. Comment se lira-t-il ? On me répond : *ꜣtp*. Je ne suis pas bien avancé. Pour la lecture de ⬚ on me donne un signe *ꜣ* qui n'appartient à aucune langue, et auquel on ne peut attribuer aucun son. Qu'est-ce que cette lecture m'apprend ? Je transcris *atep* ; c'est un mot qui peut se lire. Le son *a* par lequel il commence n'est pas exact ; ce devrait être en copte un ⲱ ; mais dans beaucoup de langues il y a passage de l'*a* à l'*o* sans parler de la prononciation du vulgaire qui remplace souvent l'*a* par l'*o*, l'erreur n'est pas très grande. Néanmoins, si dans ce cas-ci je connais le son de la voyelle, je transcrirai *otep*.

Il en est de même de l'⬚ qui varie souvent avec ⬚ dans la même inscription. Cela vient de ce que les scribes ne prononçaient pas de la même manière. ⬚ que nous transcrivons *a* est souvent un *e* au commencement des mots : *honneur à toi* se dit : ⟨hieroglyphs⟩. Comment se lit cette expression? On nous dit que c'est *iȝwnk* mais que veut dire ce groupe? Le copte nous apprendra que le groupe hiéroglyphique se lit ⲉⲟⲟⲧ. Notre transcription serait *àau*; elle n'est pas exacte quant au son des premières voyelles, mais au moins elle peut se lire.

S'il y a un nom dont la prononciation est connue, au moins pour la première syllabe, c'est celui du dieu *Amon* ⟨hieroglyphs⟩. Il est transcrit *imn*, qui pour la lettre initiale est fausse. Sans doute, *a* et *i* comme signes initiaux prennent souvent la place l'un de l'autre : Abraham est en arabe Ibrahim; mais dans le cas d'Amon il n'y a aucun doute que le signe initial est un *a*.

Une autre difficulté est celle de l'ordre des signes. Nous avons vu que le mot égyptien est un dessin qui pour être lu doit d'abord être compris et c'est pourquoi il faut ajouter aux signes alphabétiques le déterminatif qui enseigne comment le mot doit être prononcé, et qui le fait reconnaître. Le déterminatif serait absolument inutile à un mot écrit dans un alphabet amorphe, dans lequel la valeur des signes est clairement indiquée, et leur ordre rigoureusement prescrit. Or il est certain que l'ordre des signes n'est pas toujours le même, et que quelquefois on est embarrassé pour choisir le bon. Je prends un mot quelconque dans le dictionnaire de Brugsch, Suppl. 913, ⟨hieroglyphs⟩ et ⟨hieroglyphs⟩. Brugsch nous dit qu'on doit lire *χpn* et non *χnp*.

Il est clair que celui qui savait la langue des hiéroglyphes ne se trompait pas, mais il n'en est pas de même pour celui qui ne la connaît pas, et qui pourrait être tenté de lire ce mot *χnp*. Il en est de même d'un mot connu ⟨hieroglyphs⟩, p. 473, que les variantes nous apprennent doit être lu ⌒ *ar* ; dans un cas comme celui-là, quand nous connaissons exactement ce que doit être l'ordre des signes, nous pouvons transcrire *ar* ; dans d'autres nous devons suivre ce que nous voyons écrit, quand même l'ordre des signes ne répond pas toujours à la prononciation, mais dépend d'exigences du dessin et du goût des Égyptiens.

Faut-il transcrire les voyelles quand nous les connaissons ? Je crois que nous devons le faire. Il ne faut pas oublier que les consonnes alphabétiques, qui sont des figures, étaient à l'origine des syllabes ouvertes, une consonne précédée ou suivie d'une voyelle. Dans la prononciation, la voyelle est tombée et la consonne est restée seule. Mais dans un grand nombre de cas la voyelle est restée, et quand nous croyons que la voyelle n'a pas été exprimée, c'est que la consonne a conservé sa valeur syllabique. J'ai déjà mentionné le nom qui est transcrit *Sbkhtp*. Il paraît clair d'après le grec que la lettre *S* du début avait conservé sa valeur *SO*. De même dans le mot l'*h* du début est, le étant souvent à la fin. doit se lire *hotep*. Quant aux consonnes *b* et *t*, elles étaient sans doute suivies d'une voyelle très faible, l'accent étant sur les premières, et je les rendrais, comme en copte, par un **e**. Je transcrirais donc le nom *Sobek-hotep* et non pas *SBKHTP* qui ne peut pas se lire. On me dira que cette dernière transcription reproduit exactement ce qui est écrit ; je réponds que non ; n'est pas une simple consonne, c'est une syllabe ouverte qui a sa voyelle, c'est la syllabe *so* ; il en est de même pour la première lettre doit être *hu*. Partout où la voyelle est certaine comme dans ces deux mots, je la transcrirais de même que les consonnes ; en revanche, quand on conjecture les voyelles, je les écrirais en italiques, ou en petits caractères à leur place en dessus de la ligne.

Voici donc la transcription que je proposerais, et dont je me servirai à l'avenir :

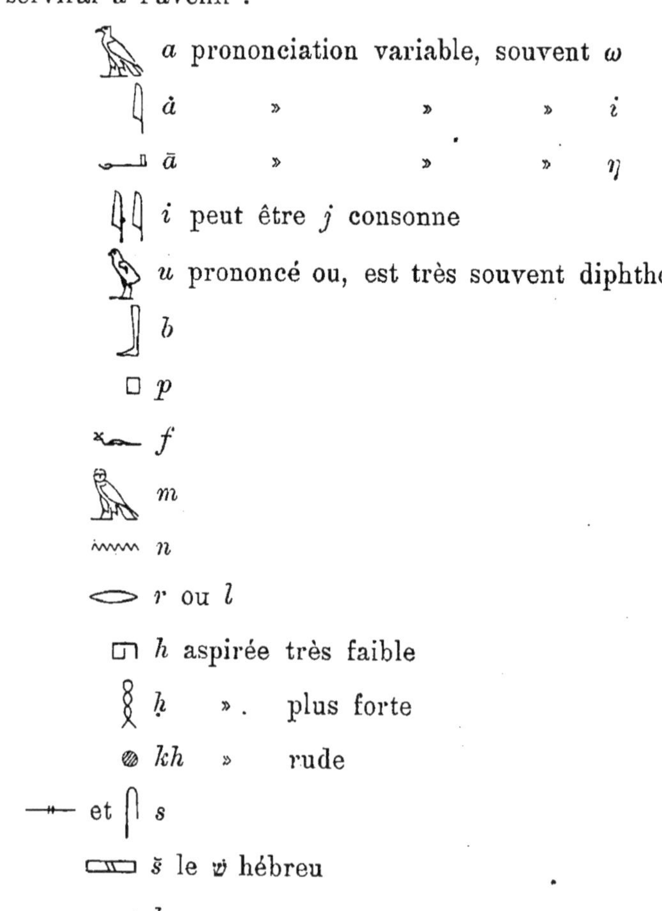

a prononciation variable, souvent *ω*

à » » » *i*

ā » » » *η*

i peut être *j* consonne

u prononcé ou, est très souvent diphthongué

b

p

f

m

n

r ou *l*

h aspirée très faible

ḣ » . plus forte

kh » rude

et *s*

š le *ʋ* hébreu

ḳ

k

g

t

$\underline{t}$

d

dj ou z si l'on veut avoir une lettre unique.

J'ai conservé la distinction entre les trois dentales et les trois gutturales, quoique cette distinction n'existe pas en copte et puisse provenir en premier lieu de différence de prononciation des scribes. En revanche, j'ai supprimé la distinction entre ⸺ et ⸙ qui provient d'abord du dessin ; suivant la place, il fallait un signe horizontal ou vertical, et aussi peut-être d'une légère différence dans la prononciation.

Chapitre XIII

L'écriture copte

Dans un chapitre précédent, nous avons expliqué ce qu'était le copte ; non pas une langue unique littéraire, mais la langue populaire, c'est-à-dire une réunion de dialectes remontant à une date très ancienne, que parlait le peuple, et qui différaient suivant les localités.

Quand on voulut mettre l'Écriture Sainte en égyptien, on ne choisit pas la langue littéraire, mais celle dont les habitants des différentes parties de l'Égypte se servaient tous les jours. Il est clair qu'elle ne pouvait pas être la langue hiéroglyphique, celle des lettrés, qui n'était comprise que d'un petit nombre, puisqu'un décret en hiéroglyphes devait être mis en démotique, forme plus populaire du langage, sans cependant être la langue du peuple.

Ce besoin de mettre les livres religieux en des idiomes qui seraient compris de tous s'est manifesté ailleurs qu'en Égypte. Qu'on prenne par exemple les Évangiles. La langue d'après laquelle il faut les interpréter n'est nullement celle des grands prosateurs grecs, de Platon ou d'Isocrate, mais celle du parler de tous les jours, que nous connaissons par les papyrus qui traitent d'affaires de la vie ordinaire, et dont nous avons un très grand nombre. (1)

____

(1) Quoique cette opinion n'ait pas encore rencontré d'adeptes, surtout parmi les Juifs, je ne puis m'empêcher de croire qu'il en fut de même

Pour mettre l'Écriture Sainte dans le langage populaire en Egypte, il était nécessaire d'adopter une nouvelle écriture, on ne pouvait pas faire autrement pour deux raisons : l'une tenait à l'écriture même, et l'autre à la langue.

Nous examinerons d'abord celle qui provient de l'écriture. Si l'on considère les dialectes de nos jours, comme par exemple ceux de la Suisse alémanique, on voit que l'une des principales différences consiste dans la vocalisation. Les voyelles sont prononcées autrement d'un dialecte à l'autre, et volontiers elles sont diphthonguées, comme du reste cela s'entend dans le parler du vulgaire. Il serait facile de citer de nombreux exemples de ces deux traits caractéristiques dans les dialectes de la Suisse alémanique ainsi : Bub, Bueb ; Huf, Huef ; Fuß, Füeß ; gut, guet, guot; genug, genuog; zu, zue, zuo, ze ; Mutwillen, Muotwillen ; geht, gôt, gât, geit.

Quelquefois c'est l'inverse, le dialecte n'a pas la diphthongue : Zeit, Zit ; weit, wit ; Freund, Fründ ; pfeife, pfif.

Il est certain que dans l'écriture hiéroglyphique la notation des voyelles était très imparfaite. Nous avons vu que les signes vocaliques pouvaient avoir plusieurs prononciations différentes : 𓄿, 𓇋, 𓂝, 𓇋𓇋, 𓅱 pouvaient sonner très différemment suivant les mots où ils se trouvaient, et très souvent ces lettres étaient diphthonguées. Or, pour un langage dans lequel la vocalisation

___

pour les livres de l'Ancien Testament. Il y avait des dialectes en Palestine, où la langue littéraire était l'araméen succédant au cunéiforme. Le plus important de ces dialectes était le *yehoudith*, le dialecte de Jérusalem, qui est devenu l'hébreu rabbinique de la Bible, et dont un autre était le dialecte samaritain, dont nous avons conservé le Pentateuque.

jouait un grand rôle, ces quelques signes vocaliques ne suffisaient pas. Il fallait un alphabet dans lequel les voyelles étaient distinguées, dans lequel elles avaient une valeur à peu près fixe, et où, en les combinant entre elles, on pouvait produire plusieurs phonèmes. A cet égard l'alphabet grec pouvait beaucoup mieux s'adapter à la prononciation que l'alphabet hiéroglyphique. C'est pourquoi les traducteurs coptes l'adoptèrent, surtout à cause des voyelles, car pour les consonnes ils gardèrent celles qu'ils avaient pour la plupart, ainsi le ϭ, l'ancien ⳤ, n'a pas été remplacé par le φ.

Voici deux exemples montrant la nécessité de l'adoption de l'alphabet grec. Le verbe 𓏏 veut dire *apporter*. On sait que dans ce caractère syllabique la voyelle est 𓇋𓇋. Comment se lira le mot ? Le son de la voyelle 𓇋 n'étant pas fixe, il pourra varier suivant la localité. Mais voici qu'un Thébain, dans sa traduction, veut avoir sa prononciation, et un Memphite de même. Ils ne l'auront pas dans le groupe hiéroglyphique qui donne seulement un groupe vocalique à prononciation variable. Il faudra nécessairement qu'ils recourent à un alphabet qui distingue ces prononciations; ce sera l'alphabet grec, à l'aide duquel l'écrivain transcrira, suivant les dialectes, ⲉⲛ, ⲉⲓⲛⲉ, ⲓⲛⲉ.

Voici un mot d'un usage très fréquent, *la droite* que les Allemands transcrivent *wnm* et nous *unem*; suivant les dialectes ce sera ⲟⲩⲛⲁⲙ, ⲟⲩⲓⲛⲁⲙ, ⲟⲩⲓⲛⲉⲙ, ⲓⲱⲛⲁⲙ, ⲟⲩⲛⲉⲙ. On voit que du moment qu'on voulait mettre par écrit le langage parlé populaire, les dialectes, il fallait un autre alphabet que les hiéroglyphes.

Une autre raison qui obligeait à recourir à un nouvel alphabet, c'est la langue. L'écriture hiéroglyphique, même sous sa
forme plus populaire le démotique, ne pouvait être employée
pour le texte des Écritures en égyptien. Il y a dans les Écritures trop d'idées étrangères à l'esprit égyptien et qui n'auraient
pas pu être rendues par des hiéroglyphes. Et d'abord les noms.
Sans doute ⲛⲟⲩⲧⲉ correspond au mot ϑέος et à l'hébreu אלהים.
Mais Ἰησους ce nom composé de trois voyelles et de deux
consonnes, devrait être écrit par un signe qu'il aurait fallu
inventer. Ou, si on l'avait écrit au moyen de quatre ou cinq
lettres qu'on appelle des consonnes ⟨hiéroglyphes⟩, il aurait
fallu un déterminatif, et lequel choisir ? La difficulté aurait
été au moins aussi grande pour Σατανᾶς et pour διάβολος; on
ne peut les traduire en égyptien ; il n'y a point de mot qui
désigne ces personnages. Ne vaut-il pas mieux leur laisser leur
nom écrit avec les caractères qui en indiquent la prononciation ?

Puis il y a quantité de mots pour lesquels les scribes esti-
maient qu'ils n'avaient pas de correspondants exacts, et pour
lesquels ils préféraient garder la forme grecque. A cet égard
il y a divergence entre eux. Les uns paraissent aimer mieux
les mots grecs ; d'autres cherchent à les rendre par les mots
de leur langue. Si l'on compare les deux traductions de la
Genèse en Sahidique et en Boheirique, on constate que les
mots grecs sont beaucoup moins nombreux dans cette dernière.
Tandis que le sahidique dira τεκσπερμα, χορτυς, ϑαλασσα,
ἐπικαλει, le boheirique écrira ϫⲣⲟϫ, ⲡⲓⲥⲓⲙ, ⲫⲓⲟⲙ, ⲙⲟⲩⲧⲉ,
ⲉϫⲉⲛ. Dans des cas plus rares, c'est l'inverse, le boheirique a le grec ainsi S. ⲟⲩⲉⲓⲧ, B. στυλη, S. ⲡϫⲓⲛϫⲟⲏⲓ,

B. ⲛⲓⲕⲁⲕⲓⲁ et d'autres ; une fois on trouve dans les deux S. ϫⲓⲕⲁⲓⲟϭⲟⲛⲏ, B. ϫⲓⲕⲉⲟϭⲟⲛⲏ.

Les mots grecs ne sont reproduits que d'une manière très imparfaite, d'après leur son, sans que le scribe égyptien fasse aucune attention à la manière dont ils sont écrits en grec et à leurs formes grammaticales. « Les substantifs grecs empruntés n'étaient jamais au génitif, au datif ou à l'accusatif. Ils étaient reçus en égyptien comme des mots invariables qu'on déclinait à l'aide de particules » (Révillout). Il en était de même des verbes ; on ne faisait aucune attention à la conjugaison, ainsi ⲉⲡⲉⲓⲣⲁⲥⲉ sera ⲁ . . . ⲡⲛⲟⲩⲧⲉ ⲡ̄ⲡⲣⲁⲍⲉ et ⲉⲡⲉⲕⲁⲗⲉϭⲁⲧⲟ, ⲁϥⲉⲡⲓⲕⲁⲗⲉⲓ̈. Même en donnant aux mots grecs une forme rapprochée de l'égyptien, et en leur adaptant des particules égyptiennes, on ne pouvait guère les écrire en hiéroglyphes. Pour ces mots l'ordre du caractère était fixe ; les inversions ou les métathèses étaient bannies, et il n'était pas nécessaire d'avoir un déterminatif, soit pour expliquer le mot, soit pour en indiquer la prononciation.

Puis il fallait considérer à qui s'adressait la traduction des Écritures. Ce n'était pas à des lettrés seulement, c'était à tout le peuple. Il était donc nécessaire d'avoir une écriture plus lisible, plus facile à apprendre que les hiéroglyphes. Même le démotique était loin d'être une écriture populaire. Les Égyptiens avaient à leur portée l'écriture grecque, celle d'une langue qui tendait de plus en plus à se répandre dans le pays. Il en est comme de l'araméen, que l'on voit sur les poids, et dans des notes sur des contrats en cunéiforme, parce que cet alphabet était infiniment plus commode et à l'usage du peuple. De même l'alphabet copte a remplacé les hiéroglyphes afin d'écrire les dialectes parlés, la langue populaire, et d'être ainsi à la portée de tous. Si la traduction des livres saints avait été dans la langue et l'écriture hiéroglyphique, elle n'aurait été comprise que d'un petit nombre, puisque déjà sous les Ptolémées une inscription hiéroglyphique devait être traduite en démotique et en grec.

Mais cette écriture grecque, si commode et si facile à apprendre, ne rendait pas tous les sons de l'égyptien, aussi a-t-il fallu y ajouter six caractères qui sont véritablement de l'égyptien alphabétique.

Telles sont les raisons qui obligèrent les scribes égyptiens à adopter un alphabet nouveau et à abandonner l'ancienne écriture. C'est depuis ce moment que s'est développée une littérature copte considérable.

C'est ainsi qu'a fini l'écriture égyptienne. Nous l'avons vue commencer par la figure, elle est devenue partiellement alphabétique, sans cependant arriver à être un alphabet et sans se plier à plusieurs des conditions élémentaires qu'exige un alphabet. Pour que l'écriture égyptienne devînt un alphabet véritable, il a fallu qu'elle empruntât à l'étranger, à la Grèce, la plus grande partie de ses signes, tout en conservant quelques-uns qui lui appartenaient en propre. Cet alphabet a servi en premier lieu à reproduire la langue populaire que nous ne connaissons qu'à l'époque où cette écriture est née, mais qui certainement, comme partout le langage du peuple, devait remonter à une haute antiquité.

LIBRAIRIE ORIENTALISTE PAUL GEUTHNER

REVILLOUT (E.) : Les origines égyptiennes du droit civil romain.
Nouvelle étude faite d'après les textes juridiques hiéroglyphiques,
hiératiques et démotiques, rapprochés de ceux des Assyro-
Chaldéens et des Hébreux, avec un premier supplément sur les
contrats égypto-araméens d'Eléphantine, un index alphabétique
des questions juridiques, économiques et historiques et un index
alphabétique des noms propres, VIII, 180 pp., *gr. in-8*, 1912.   40 fr.

Premiers emprunts faits aux Egyptiens par les Romains. — Origine du droit
égyptien d'époque classique. — Réformes juridiques d'Amasis et leurs répercussions
dans le droit romain des XII tables — Nouveaux emprunts. — Supplément : sur
les contrats égypto-araméens d'Eléphantine.

SOTTAS (H.) : Papyrus démotique de Lille, tome I, XV-93 pp.
d'introduction, transcriptions, traductions et commentaires, et
18 planches fac-similés en phototypie, *gr. in-4*, dans un carton-
nage, 1921.   200 fr.

Institut papyrologique de l'Université de Lille.

Papyrus 1 à 4 : Cautionnements pour des prisonniers. — Papyrus 5 : Lettres
supplique. — Papyrus 6 à 11 : Cautionnements pour une somme d'argent. — Papyrus
12 à 20 : Déclarations de petit bétail. — Papyrus 21 : Reçu d'impositions. — Papyru-
22 à 25 : Ventes de prébendes. — Papyrus 26 : Vente de propriété. — Papyrus 27 :
Vente ou donation de propriété. — Papyrus 28 : Contrat de mariage. — Papyrus 29 :
Règlement d'association religieuse. — Papyrus 29 *bis* : Papyrus grec de Magdôla,
Comptabilité d'une association. — Papyrus 30 : Mémoire d'entrepreneurs et acquit. —
Papyrus 31 : Liste de prêtresses. — Papyrus 32 : Statistique relative à des mouve-
ments de population dans la province du Fayoum. — Papyrus 33 : Comptabilité
d'un Bourg-de-Souches.

Les papyrus publiés dans le présent volume ont été choisis parmi plusieurs
centaines de fragments provenant de l'Institut papyrologique de l'Université de Lille.
Ils ont été rapporté d'Egypte par Pierre Jouguet à la suite de ses campagnes de fouilles
de 1901 à Medinet Ghôran et de 1902 (avec G. Lefebvre) à Medinet en Nahas (Magdôla).

**SOTTAS (H.) ET DRIOTON (ET.) : Introduction à l'étude des
hiéroglyphes,** portrait de Champollion, 3 pl., fig. dans le texte,
195 pp., *pet. in-8*, 1922.   40 fr.

Première partie : le système hiéroglyphique. — Chap. 1. Principe du système. —
Chap. 2. Evolution du système. — Chap 3. Extension du système. — Chap. 4 Disposition
matérielle de l'écriture (I, direction de l'écriture. — II, distribution des signes).

Deuxième partie : la connaissance des hiéroglyphes. — Chap. 3. L'antiquité
égyptienne. — Chap. 6. L'antiquité classique. — Chap. 7. Les pères de l'Eglise et
Kircher. — Chap. 8. Le déchiffrement.

Tableau détaillé des principaux hiéroglyphes. — Tableau des signes plurilitères :
1. Tableau des signes plurilitères (par ordre alphabétique direct). — 2. Tableau
des signes plurilitères (par ordre alphabétique inversé).

Analyse sommaire de quelques textes égyptiens : I. Textes hiéroglyphiques
(A. Inscriptions d'un obélisque de Thoutmosis IV. — B. Hymne au dieu créateur).
— II. Texte hiératique (C. Rubrique de papyrus funéraire).

I. Textes hiéroglyphiques. — II. Textes hiératiques. — III. Textes démotiques.